ドイツ人は飾らず・悩まず・さらりと老いる

サンドラ・ヘフェリン

講談社

ドイツ人は飾らず・悩まず・さらりと老いる

プロローグ

みなさん、『ドイツ人は飾らず・悩まず・さらりと老いる』を手に取っていただき、ありがとうございます。本書は、日本で何かと話題になる「老い支度」にドイツ人はどのように向き合っているか、ドイツ人へのインタビューを通して、私なりに感じたこと、考えたことを交えつつ、ちょっとしたヒントをまとめたものです。

タイトル通りの「本題」に入る前に少しばかり自己紹介をさせてください。

老後のことなんて、考えたことがなかった

日本人の母親とドイツ人の父親のもとに生まれ、南ドイツ・バイエルン州のミュンヘンで育った私は、23歳の時に日本に来ました。年齢がバレますが、数年前に「日本に来てからの年月」が「ドイツで過ごした年月」を上回りました。

子ども時代を振り返ってみると、母との会話が日本語だったり、土曜日には日本人学校に通

ったりと、ドイツにいながら常に「日本」が身近にあった気がします。そうはいっても当時はインターネットもスマホもありません。日本に行けるのは数年に一度だけで、子どもの頃の夢は「大人になったら日本に住む」ことでした。そして実際に大人になってから、昔からの夢を叶えるべく、一人で日本にやってきたわけです。

日本に来て、最初の頃は母方の祖父母の家に住みながら、仕事を探し、それから一人暮らしをするための部屋を探しました。日本語ができたとはいえ、何もかもが「初めて」の経験でわからないことばかり。でも若くて好奇心旺盛だったので、「ドイツに帰りたい」と思ったことはありませんでした。

実際、日本での生活は楽しかったのです。最初の頃こそ、新たな人間関係を築くのに苦労しましたが、2～3年経つと仕事も軌道にのり（日本に来て3年が経った頃に『浪費が止まるドイツ節約生活の楽しみ』がベストセラーになりました！）、気の合う友達もでき、それは充実した生活でした。日本という新天地でがんばりながら、時には自分が育ったドイツに戻って家族と一緒の時間を過ごし、充電してからまた日本に帰る。そんな生活スタイルが出来上がっていました。周りの人からは「日本とドイツを行ったり来たりできていいなあ」「外国に実家があっていいね」「サンドラはいつも楽しそう」とよくうらやましがられたものです。

実際に私自身も楽しかったのですが……アラフィフになった今、振り返ってみると……**「私は本当に自分のことしか考えていなかったんだな」**と感じます。

母の心変わり——老後は日本で過ごすはずだったのに

「能天気」だった私は、日本とドイツを行き来する気ままな生活がずーっと続くと思っていました。でもここ数年は「いや、待てよ？　やっぱりそれは無理かもしれない」と嫌でも気づかされるように。

団塊世代の母は「まだまだ元気」ですが、昔と比べると体力も気力も落ち、疲れ気味のことも増えました。ちょっとした不調も目立ち、病院に行くことも多くなりました。

姉の私を追うように弟も10年ほど前から日本に住んでおり、父はすでに亡くなっています。つまり**「地球の反対側で高齢の母が一人暮らしをしている」**という現実は、弟と私にとって「今後における大きな心配事」となったのです。今はまだよくても、そのうち母は一人での生活がままならなくなるのではないか……という不安。もしも母に何かあった場合、日本からドイツに移動するには10時間以上かかってしまいます。

「母が超高齢者となり、大変なことになる前に何とかしなければならない」

数年前に「母には日本で老後を過ごしてもらおう」と、弟と相談しました。母はあまり気が進まないようでしたが、子ども二人が日本に住んでいること、そして自分がこれからどんどん歳を取っていくという現実を受け止め、しぶしぶではあるけれど「老後を日本で過ごす」ことに同意してくれました。そして「母の老後生活@日本」に向けて母、弟、私の3人で着々と準備を進めていたのです。

でも人生、やっぱり計画通りにはいきません。その後、コロナ禍という予想外の展開が待ち受けていました。弟も私もドイツに行けない時期が続き、一人で過ごす時間が多いなかで、母の気はすっかり変わってしまいました。

「ずっとドイツに住んで、ドイツで死にたい」という思いを固めたのです。

ああ大変！　義実家の片付け

さらに数年前、夫の両親、つまり義両親の死をきっかけに、「今までの自分の考え方がいかに甘かったか」をより強く実感しました。

たとえば遺品整理について。それまで「親が亡くなったら、時間を作って家を片付ければいいじゃないか」と簡単に考えていました。口には出さなかったものの、遺品整理の業者に頼むなんてもったいない、自分でやればいいのに、と考えていたのです。

でも、想像と現実はかなり違いました。義両親が東京で住んでいたマンションを売ることになったのですが、約60平方メートルのマンションには1970年代からの荷物が大量に詰まっていました。夫は両親が立て続けに亡くなったことに大きなショックを受け、ふさぎ込んでしまっています。片付けようと思って現場に向かっても、なかなか手が動きません。週末ごとに夫婦でマンションへ行って作業を始めたものの、なにせものすごい量の荷物です。夫は親が使っていた物を見ていると、いろんな思いがこみ上げてきて悲しくなるらしく、「僕、見てるから、サンドラがやって……」と言うばかり。

簡単に考え過ぎていた自分を恥ずかしく思う

週末だけでは時間が足りず、平日の夜、夫婦で「探し物」に行ったりもしました。と言うのも夫が「金のメダルがどこかにあるはず」だと言うのです。心当たりのある場所を探してみたのですが、結局は見つからず。義母が「ヘソクリとしてためていたはずの現金」も見つかりませんでした。

片付けや探し物のために何回もマンションに通って思ったことは、「これは気の遠くなるような作業」「気が滅入る作業」だということです。ましてや私は実の娘ではないのですから、何がどこに置いてあったかなどわかるはずもありません。まさに「終わりの見えない作業」でした。

「たかが片付け」と簡単に思いがちですが、仕事との両立は難しく、仕事を何週間も休むわけにもいきません。時間的にも肉体的にも限界に近いものを感じました。

夫婦で話し合って、最終的に業者に頼むことになりました。「自分で整理したり捨てたりすればいいのに」と安易に考えていた自分が、恥ずかしくなりました。

人の感じ方は「それぞれ」——国や文化による違いも

義両親の家じまいでは、新たな「発見」もありました。アルバム、メモ帳、手紙などを少しだけ運び出して、あとはすべて業者にお任せしました。実は私自身は「物」に執着するタイプです。「実家がそのまま処分されてしまう」……と想像しただけで、嫌な汗が出てきます。思い出がいっぱい詰まった物一つひとつとお別れができず、「そのまま」の状態でごっそり処分されてしまうことは、悪夢のように思えました。

ところが夫は「子ども時代からの物がソックリそのまま処分されたこと」について、特に悲しんでいる様子はありません。私には「そういう感じ方をする人もいるんだ」と新鮮に映りました。物の捉え方や感じ方はまさに「人それぞれ」です。

WHOの最新調査(2023年版)によれば、日本の平均寿命は84・3歳、ドイツは81・7歳と、どちらも高齢化社会です。人間「老いる」のはみんな同じだけれど、向き合い方や感じ方には国や文化による違いがあると感じています。たとえば「高齢者の恋愛」について、ドイツでは応援するような雰囲気がありますが、日本ではあまり歓迎されないようです。

ドイツの高齢者やその家族に話を聞きながら、彼らが「人生」「恋愛」「節約」「介護」「死」についてどのように考えているのかを、本書ではじっくり紹介します。

ドイツ人らしく合理的な考え方をする人もいれば、意外にもウエットな部分が垣間見えることもありました。

『ドイツ人は飾らず・悩まず・さらりと老いる』がみなさまにとって何らかのヒントになれば幸いです。

サンドラ・ヘフェリン

ドイツ人は飾らず・悩まず・さらりと老いる　目次

2 ドイツ人は「友情のケア」を忘れない

3 ドイツ人は認知症でも「今」を楽しむ

第2章 ドイツ人は飾らずケチる

第4章 ドイツ人はさらりと老いる 155

第1章

ドイツ人は気取らず生きる

1 ドイツ人は「人」に合わせない

64歳の「おひとり様デビュー」

私がはじめて会った時、ベアーテ（Beate）さんは日本でホームステイ中でした。東アジアの歴史や文化に興味を持ち、大学に入り直して勉強中——こう聞くと「よくいるドイツ人留学生か」と思うかもしれません。でも彼女は64歳。60代の留学、しかもホームステイとは、日本では珍しいケースではないでしょうか。

「何歳だから」というこだわりをもつドイツ人は、少数派です。

「ホームステイ先の日本人夫婦は70代後半なんだけど、やっぱりドイツの人たちとは違うわね。ドイツの高齢者だったら光熱費を節約する世代だと思うんだけど、その夫婦はすべての部屋に同時に暖房を入れているのよ！　私にも特に『電気を消して』とか言わないし。あまり細かいことは気にしていないみたい。洗濯も毎日していて、『いつでも洗濯物を出してくださいね』と言ってくれるし、そういうおおらかなのっていいわよね」

ドイツの高齢者は「洗濯日」（ヴァッシュターク Waschtag）を決めていて、「毎日洗濯する人」は世代を問わず少数派です。高温多湿の日本では違和感があるかもしれませんが、水資源、時間と手間、そしてお金の節約にはなります。

定年退職後に大学に入り直す

ベルリン在住のベアーテさんは、離婚して現在は独身。元夫との間に成人した子どもが３人います。「週によっては、私が育児の３分の２はやっているかも」と孫の世話をしていますが、それ以外でも忙しい毎日です。

既に定年退職したものの、「フリードリヒ・エーベルト財団」（Friedrich-Ebert-Stiftung e.V.）〈註：略称ＦＥＳ。１９２５年に設立されたドイツの非営利政治財団。教育・研究・国際協力を通して公共政策の発展に努めている〉などの団体のアドバイザーをしているほか、ボランティアでドイツ女性エンジニアの団体の様々な企画にかかわっています。

何ともエネルギッシュなベアーテさんは教授（プロフェッソーリン Professorin）であり、ドイツの慣例に従い、「Prof. Dr. Beate Taibi」というように、氏名に「Dr.」および「Prof.」が入っています。学歴社会のドイツでは称号が大事で、博士（Dr.）や教授（Prof.）が姓に付いている人は社会的地位が高いと見なされ、尊敬されます。ちなみに「Professorin」は日本の「教授」とは異なり、職名であると同時に学位でもあったりします。

定年退職後に大学に入り直した時、ベアーテさんは同級生にファーストネームだけを告げ、教授だということは隠していたそうです。

「私の苗字は珍しいし、みんなネットで調べたみたいで、すぐにバレちゃったけどね」

そう言って笑う様子から、ポジションを鼻にかけず、若い学生に交じって普通に学ぶ彼女の飾らない性格が伝わってきました。

「人に合わせる生活」は50代で卒業

「離婚してしばらく経つけど、一人暮らしが楽しいのでやめる気はないの。何がいいかって、**日常生活の中で『自分の好きなこと』を妥協しなくていいことよね。**これは小さいことだからこそ、大事だと思うの。たとえば『窓を開けて寝るか、それとも閉めて寝るか問題』。私は昔から窓を開けて寝るのが好きなんだけれど、元旦那はこれが嫌だった。今は誰に断ることなく、ぱーっと窓を開けて眠れて最高！　娘と話す時間も大事だし、孫もかわいいけど、自分のペースで好きなように過ごせる幸せをかみしめてる」

ベアーテさんは、一人暮らしで満喫しているものを次々挙げてくれました。好きな時間に食事をし、好きな時間に寝られる、自由気ままにお出かけができる……。何より「歩くペースをパートナーと合わせる必要がないのがいい」と言います。

「離婚した50代で『人に合わせる生活』は終わり。今もこれからも自由よ」

昼間は仕事に遊びに孫の世話にと、予定がみっちり入っていますが、夜は自分のルーティーンを大事にしてリラックスしているのだそう。

「だいたい静かに過ごすことが多いわ。映画を観たり、近くにいる娘に来てもらって、おしゃべりしたり。基本的に夜はあまり『活動』しないことが、翌日の元気の秘訣」

なにせベアーテさんは一日8000歩を目標にしているので、昼間はフル回転なのです。

ウクライナ難民に自宅を提供

家のスペースに余裕のあるベアーテさんは、2015年に内戦から逃れたシリア難民の男性を、自宅に数ヵ月住まわせたことがあると言います。

「あの頃は末娘がまだ同居してたから、話を聞きつけた元夫からすぐに電話が来たわ。『若い女の子がいる家に男性を泊めるなんて、間違いが起きるんじゃないかと心配でたまらない』って。元夫はアルジェリア人で、基本的にアラブ人の男性は、同じアラブ人の男性をあまり信用していないの。もちろん彼の言うことなんか聞かないわよ。その後もシリアの男の人を家に泊めたわ。何も問題はなかった」

末娘は5年前に家を出ており、今は広い家に一人暮らしのベアーテさん。「口コミ」でやって来た日本人がホームステイしていたこともあれば、ロシアによる侵攻後、難民となったウクライナ人女性を迎え入れたこともあるそうです。余っているスペースを人に提供するのは、ベアーテさんにとって合理的であり自然なことなのです。「ボランティア」や「博愛精神」という言葉を使うことなく、日常の一部として、さらっと「難民を自宅に泊める」と話していました。

「昔から知っている人か」「友達か」という観点からではなく、戦争などで**「生活の根幹を揺るがされるような困難な状況にいる人」に対しては、知らない人であっても気軽に手を差し伸べる。**この行為は、非常にドイツ的というかヨーロッパ的な感覚だと私は感じました。

「社交」は女性のほうが得意

「その人が本当に希望するなら恋愛もあり」とベアーテさんは言いますが、自分自身に関しては「長年結婚していて、やっと手に入れた自由だから手放したくない」ときっぱり。

「おひとり様」を謳歌するのは、ドイツの「カップル社会」の反動かもしれません。

ドイツでは、パートナーがいる人は「友達付き合いもカップルで」というのが一般的です。ベアーテさんも結婚している頃は夫婦でホームパーティーを開いたり、友達の家に夫婦で遊びに行ったりと交流を楽しんでいました。「パートナーのペースに合わせて歩く」というのは、実際のウォーキングだけでなく、生活全般にわたるのです。

ドイツでおひとり様を謳歌できるのは、「女性だから」という面もあります。

「だってね、表向きは『カップルで』友達付き合いをしているように見えても、実際に『元気?』とマメに連絡をしたりして、友達関係がちゃんと続くようにケアをしているのは女性が多いのよ。私もそうだったわ。女同士で連絡を絶やさず、『今度バーベキューをしましょう』なんて盛り上がる。それで具体的に日にちを決めたところに、お互いの夫やパートナーが参加するという感じよ」

いっぽう男性は、「友情のケア」が苦手だというのがベアーテさんの意見。たとえば趣味の場で仲良くなった人と盛り上がったら、その後もちゃんと連絡をしたり、イベントに誘ったりして、交流を持ち続けることが得意ではないそうです。

「私は離婚してからも、夫婦だった頃の友達と交流があるけど、元旦那はそういう連絡作業をしないから、今はなんだか寂しそう。一人暮らしで孤立しないか心配」

ベアーテさんの元夫のようなタイプ、日本にも多そうな気がします。

結婚していた頃の休暇は、元夫の故郷アルジェリアを訪れることも多かったベアーテさんは、今でも思い出す光景があるのだとか。

「アルジェリアはね、町のいたるところにカフェがあって、男性が一日中集っているの。毎日のように男同士でずっと世間話や噂話をしているわけ。その多くが高齢者。カフェのいいところは、別に連絡をしたり待ち合わせをしたりしなくても、近所の人や友達がいることよね。ああいう文化があったら、ドイツの高齢者も楽しいんじゃないかしら」

「明日死んでもいい」と思える今日を生きたい

ベアーテさんと女性エンジニアの仲間たちが「バーベキューをしよう」とメンバーの家に集まった時のこと。ドリンクや食材もそろい、さあ、庭で焼き始めましょうというタイミングで、一同はかたまりました。「火を起こしたことがある人！」と聞いたところ、20人いたエンジニアの女性のうち、誰一人、やったことがない……。

「私たちは普段は男性と対等に働いているつもりだったけれど、考えてみればバーベキューの火起こしはいつも『男性』がやっていたのよね」

この出来事で「やはりドイツはカップル社会だ」と落ち込んだわけではなく、「女性全員、火起こしができない」と判明した途端、みんなで大笑いしたと言います。

結局、ベアーテさんを中心に数人で火起こしをし、見事成功して大盛り上がり。

「これで火起こしに関してても私は経験者になったし、もう何も怖いものはないわ！」

ベアーテさんに「あなたにとっての幸せとは何か」と聞くと「明日死んでもいいと思えるような生き方をすること」と即答でした。

「何かを逃してしまった、何かをやっておけばよかった。そんな気持ちをもたないことが一番ね。今の時点で人生を振り返ると『後悔』は多少あるんだけど、全体を見ると満足だし、とくに仕事に関しては大満足。60代になっても仕事を続けられること、自分の得意分野でボランティアができていること、子どもたちが自立して元気なこと、すべて幸せ。

若い人とかかわるのも楽しいわね。近所に住む娘の夫は、父親のいない家庭で育ったから、自分に子どもができて、自分が父親としてどうふるまったらいいのか、かなり戸惑っているの。ロールモデルがいないから当たり前よね。このあいだ本人がその戸惑いについて私に話してくれて、ああ私に相談してくれるんだわ……ってなんだか嬉しくなっちゃってね。私は男ではないのにね（笑）」

93歳の母の「ルーティーン」と億万長者との結婚未遂

ベアーテさんが前向きで活動的なのは、どうやら母親譲りのようです。93歳になる母親は、早くに夫を亡くした後、一人で5人の子どもを育て上げました。家政学を学んだ彼女は、長年、知的障害をもつ子どもたちの施設で働き、食事や入浴などのケアをしてきました。収入は少なく、亡くなった夫の遺族年金と合わせて、5人の子どもたちをどうにか食べさせる生活でした。

定年後は地元の市議会議員になり、CDU〔註：Christlich Demokratische Union Deutschlandsの略。ドイツキリスト教民主同盟。1945年に結成されたドイツの中道右派政党〕という政党のシニア部で活動してきました。特に東西を隔てていたベルリンの壁が壊れた後、母親は頻繁に東ドイツを訪れ、現地の人のためのイベントを楽しそうに手伝っていたといいます。

「母は誰かをケアしたり、誰かの言葉を伝えることが生きがいなの。今もマンションの住民の要望をまとめて管理会社に伝える、なんて流れが出来上がっているほどよ」

記憶すること、伝えること、交渉も含めて「しゃべること」が今も得意で、物忘れも今のところ、ないようです。そんな母親のルーティーンは毎晩8時からARD（ドイツ公共放送連盟）のニュースを見ることです。

「この時間帯には絶対に電話してはいけないの。間違ってかけたりしたら『今は忙しい』と切られてしまう。母にとっては世の中で何が起きているか、世界情勢の勉強の時間」

子ども時代は決して豊かではなかったベアーテさん一家。でも、ベアーテさんは「うふふ」と笑いながら、こんなエピソードを教えてくれました。

「私が8歳の頃に父が亡くなったでしょ。なんと母は一時期、億万長者とデートしてたの。それを聞きつけた私たちきょうだい5人はみんな『ママ、あの億万長者と結婚して！』と頼んだのを覚えている。全員、本当に応援していたもの」

ところが母親は億万長者とは結婚せず、一人で子どもを育てていくことを決めました。

「今でも母の決断を、私たちは残念がってるの。きょうだいで顔を合わせるたびに、『あの時は、惜しかったよねー』と盛り上がるのよ！」

母親は地に足のついた堅実な生活を選んだのです。自分の足で、一人で歩く道を。

家族に「どっぷり」浸からない

みんな自立していて、互いに良い関係を保つ。ベアーテさんは子どもたちからもその配偶者からも頼られる存在ですが、彼女は「家族」というものにどっぷり浸かるのではなく、常に好奇心旺盛で、一人を楽しみ、60代で日本でホームステイまでしてしまう。

ベアーテさんの話を聞いていると、良い意味で上昇志向が強く、私は同じ女性として気持ちがいいのです。家が貧しくおしゃれな服が買えなかった10代の頃、懸命にアルバイトをして好きな服を買ったこと。「野馬は有名だけど、それ以外は何もなかった」という地元を17歳で離れ、一人でベルリンの大学へ行ったこと。教授になりながらも公務員という地に足のついた道を選び、結婚、子育て、離婚を経験したこと……。

どれも彼女の**自立心と、「もっと良くなりたい」という選択の結果**であり、「欲しいもの」を自分で手に入れることで築かれたのがベアーテさんの人生なのでしょう。

インタビューは日本で行いました。ドイツにいるお母さんへのお土産には、ユニクロのヒートテックの肌着を買ったのだそう。

話が終わってから一緒に散歩をしたのですが「あら、いつもは8000歩が目標なのに、今日はもう2万歩を超えているわ」とアップルウオッチを見ながらさっそうと歩いていくベアーテさんの足取りは、驚くほど速いのでした。

気取らず生きるコツ

- ✦「○歳だから」と考えずに「今やりたいこと」をする
- ✦「人に合わせる」のをやめて「自分のペース」で歩く

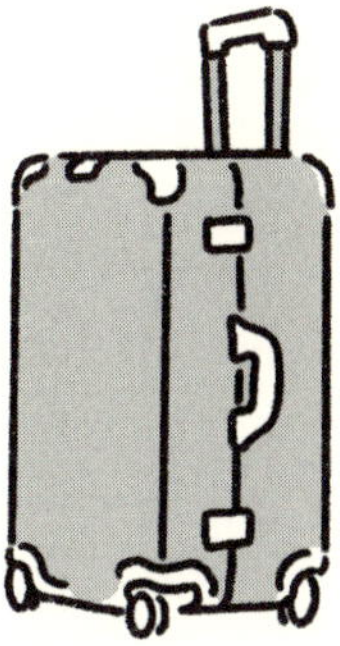

一人暮らし?夫婦二人暮らし?

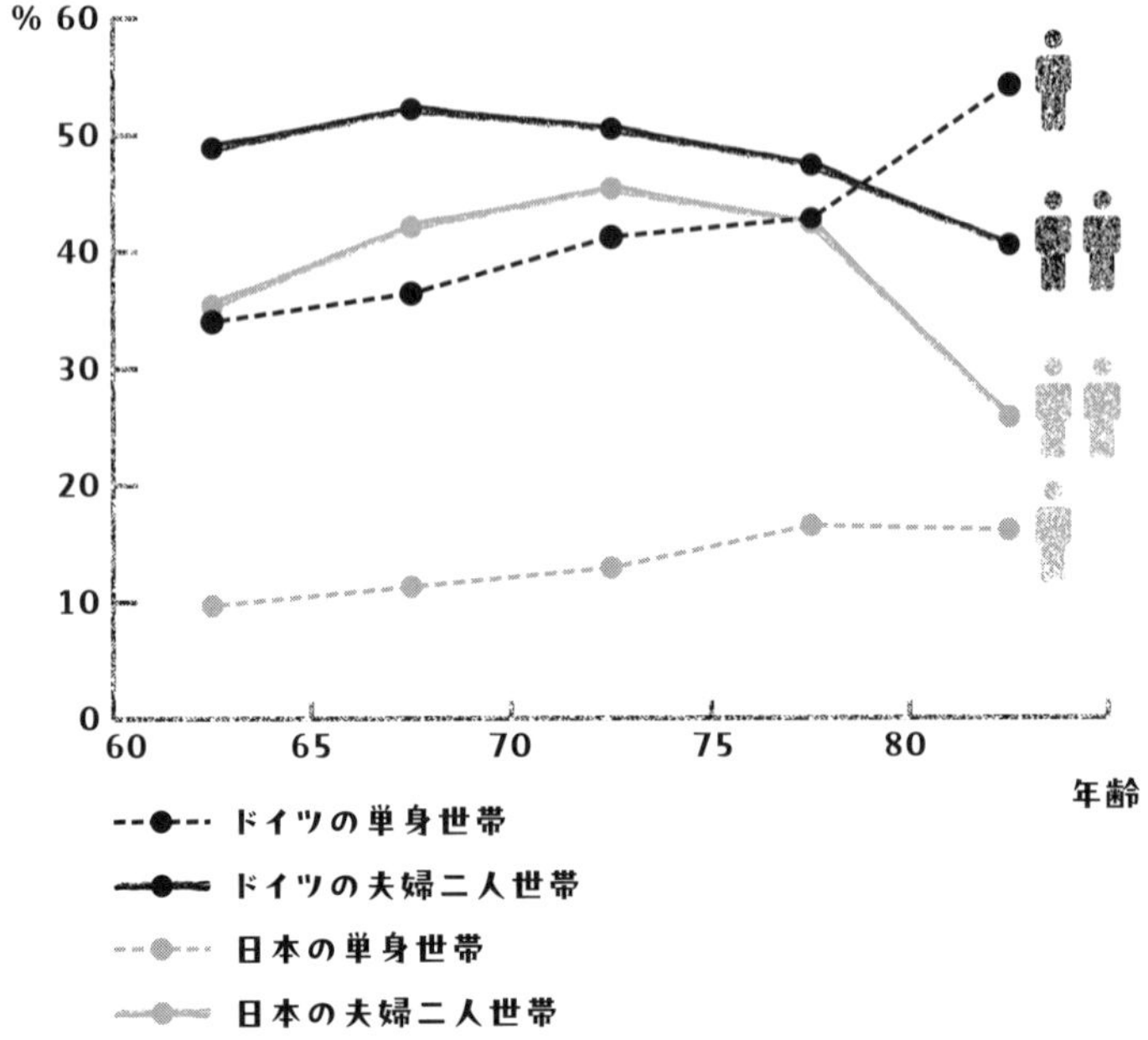

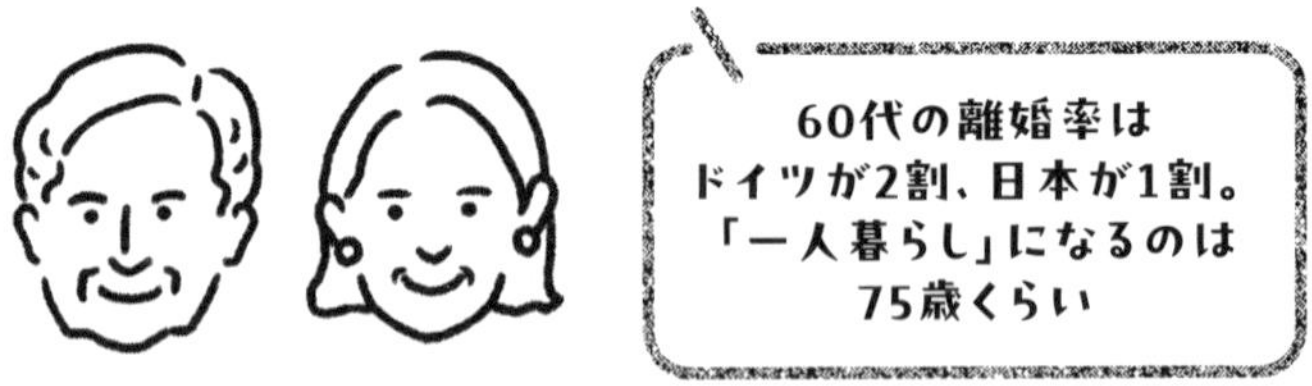

参考：内閣府「高齢者の生活と意識に関する国際比較調査」(2020年度)

2 ドイツ人は「友情のケア」を忘れない

「友達」ができたあとは「友情」を育む

ドイツ人は、社会に出て仕事をもつ大人も、「友情」(Freundschaft) を大事にします。日本では仕事が忙しくなると、どうしても年末年始の挨拶だけになったりしますが、仕事以外の利害関係のない友達との関係を重視するのがドイツ流。週末には気の合う友達と、互いのパートナーも含めてカップル同士で交流するのが一般的です。

友達にマメに連絡を取ったり、会う機会を作ったりして交流を図ることを、ドイツでは**「友情のケアをちゃんとする」**(Freundschaft pflegen) と言います。

「人生で大事なものは?」とドイツ人の知り合いに聞いたら、「愛、友情、健康」と即答でした。日本では「友情」にプライオリティがあるのは学生時代ぐらいまでで、社会人になってから「友情、友情」と言う人はあまりいない印象です。「いい歳をした大人が友達、友達と言うのは青臭い」「みんな忙しいし、大人ならもっとやるべきことがある」という「空気」が、どこかにあるように思います。
でも、老後の生活がいよいよスタートした時に、何十年も喜びや悲しみをシェアしながら「仕事とは関係のない友達」と交流をし続けてきた人と、「会社の外では特に友達はいない」人のどちらが強いかと言ったら前者ではないでしょうか。

ドイツにも「ぬれ落ち葉」はいるのか?

カップル同士の付き合いをケアするドイツ人女性は、もちろん友情のケアもマメにしています。では、男性はどうでしょう? 日本では、仕事ばかりで家庭をあまり顧みなかった男性が退職後は時間を持て余し、急に妻にまとわりつくようになる「ぬれ落ち葉」問題が昔から話題になっています。私は「ドイツにも『ぬれ落ち葉』のような男性はいるの?」と聞かれることがありますが、答えは「いるにはいる」です。

長年勤務医として働いてきた80代のドイツ人男性は、定年退職後も完全に引退していません。今もなお医師としてのプライドをもちつつ、「仕事をしすぎると税金がかかる」という理由で、収入が一定金額を超えないようにしながら年金生活を送っています。

彼の交友関係といえば、「金融業界にいた友達が一人」。ところがその友達は退職後に長年の趣味だったイラストに本格的に取り組むようになり、ドイツ中央部の小さな町に、自分のギャラリーをもつまでにいたったのだとか。

友達とは対照的に、医師の男性には特別な趣味があるわけではなく、楽しみは庭いじりくらいです。昔の同僚とも連絡は取っておらず、時間を持て余したのでしょう。やがて彼の妻は、「夫がトイレにまでついてきて困る」と愚痴るようになりました。もちろん買い物にもついていき、妻の選ぶ品にダメ出しをするようになってしまいました。

ちなみに日本の男性が「ぬれ落ち葉」になるのは、家の中で「仕事」をしていないからかもしれません。**「先進国の中で日本の男性は家事・育児をする時間が一番短い」**という、残念なデータがあります。若い世代は変わってきていると思いますが、熟年世代の男性は要注意と言えるでしょう。

大人になってもドイツ人に友達がいる理由①　休暇

一般的なドイツ人は男性も女性も、仕事以外に「生きがい」を求める人が多数派です。先ほどの医師と元金融マンの例で言えば、後者のタイプが多く、現役時代から「趣味」と「友達」

は欠かせない存在なのです。

サッカーなど市民向けのスポーツクラブに入って友達と新たな交流が生まれたり、スキーやスノボなど、趣味の場で友達ができたり。「プライベートの場」での出会いが友情につながることもあります。

ドイツのほうが日本よりも残業をする人が少なく、ワークライフバランスが良いため、遊びや社交にプライベートの時間を多く使えます。

ドイツの法律で決まっている有給休暇の日数は、労働関係の継続が6ヵ月以上の場合、「週に5日働く人は年間20日」「週に6日働く人は年間24日」です。でも実際には多くの企業に勤続年数と関係なく、約30日の有給制度があります。病欠は有給とは別の扱いとなるため、まるまるリフレッシュのために使えるのです。

そういった背景もあり、ドイツ人にとって休暇（ウーアラオプ Urlaub）は「南国の島に行って思いっきり羽をのばせる時間」です。日本で言えば「いい歳をした大人」が目を輝かせて、「次の休暇はここに行こうと思う！」と嬉しそうに語り、年がら年中「休暇、休暇」（ウーアラオプ、ウーアラオプ）を連発しています。まるで夏休みが楽しみでたまらない小学生みたいで、なんだか、かわいいのです。

そして休暇以外の時期のドイツ人はと言うと、「週末」を楽しみに生きているところがあります。友達と家族ぐるみでアウトドアに出かけたり、平日にはなかなかできないレジャーを楽しんだり。**ドイツ人は「仕事以外で、ワイワイしたり、リラックスする時間が好き」**なのです。その間に、友情も深まっていく……。趣味や友達はリタイアしてもなくならないので、現役時代とさほど変わらない交友関係が続くわけです。

大人になってもドイツ人に友達がいる理由②「友達」の定義

「友達」の定義は、日本とドイツで少し違います。日本の社会人は忙しいので、数年に一度しか会わない人のことを「友達」と言っている人もたくさんいます。

一方、ドイツの「友達」の定義は、週末には一緒に出かけ、スポーツなどの共通の趣味を一緒に楽しむ関係が今現在もある人です。会う頻度は高めですし、まるで学生同士のように、ことん語り合ったりもします。その結果、付き合いがずっと続くのです。

たとえ昔の友人でも何年も会っていない場合、ドイツの感覚だと「友達」とは言わないかもしれません。やはり「友情のケア」をちゃんとしているということでしょう。

「友達は少なくてもいい。でもその少ない友達を大事にしたい」と話すのは、日本在住のあるドイツ人男性です。彼には「本当に親しい友達」が二人いて、そのうちの一人は15年前に趣味を通して出会ったのだとか。

「彼とはいつも本音で話をするんだ。周りの人たち、特に家族や友達のような『大事にしている人』とは、何か問題があったらその都度、自分の気持ちを全部話したほうがいい。我慢を重ねて、何も言わない時間が長くなると、それが溜まりに溜まって大きな問題になるからね。とにかくよく話してコミュニケーションを取るのが一番だと思う」

「仕事は？」の質問に「年金生活者！」と即答

東京でクラシックのコンサートに行き、あるドイツ人男性を紹介された時のこと。お互いに自己紹介をする中で、私が「お仕事は何を？」と質問をしたところ、彼は、それはそれは嬉しそうな顔で「年金生活者！」と答えました。**待ち望んでいたたくさんの自由な時間を、毎日満喫している様子が伝わってきて、それ以来、私は「老後」を考える時、笑顔で「私は年金生活者！」と言えるような生活をしたいなと思うのでした。**

「仕事が生きがい」とか、「一生、現役で働いていたい」という生き方も否定はしません。でも、その仕事は一生続けられる仕事なのでしょうか？　もし、会社を退職したらできない仕事だとすると、むしろ現役時代から「自由時間をたくさんもち、楽しんでいた人」のほうが老後を楽しめるのではないでしょうか。なぜなら老後は自由な時間はたっぷりあるわけですから。「年金だけでは生活していけないから、老後も働く」という問題はもちろんあります。その一方で、日本の高齢者の多くが、「老後のために」と蓄えた資産を使わないまま、亡くなっているのです。

蓄えることと同じように「時間とお金の使い道」について友と語らう。ドイツ式に、そんな週末を過ごしてはどうでしょう？

気取らず生きるコツ

✦「友達」は、毎日植木に水をやるように、絶えずメンテナンスする
✦「友達」だからこそ、思ったことをはっきり伝える
✦自信をもって「年金生活者！」と言おう

何歳でリタイアする?

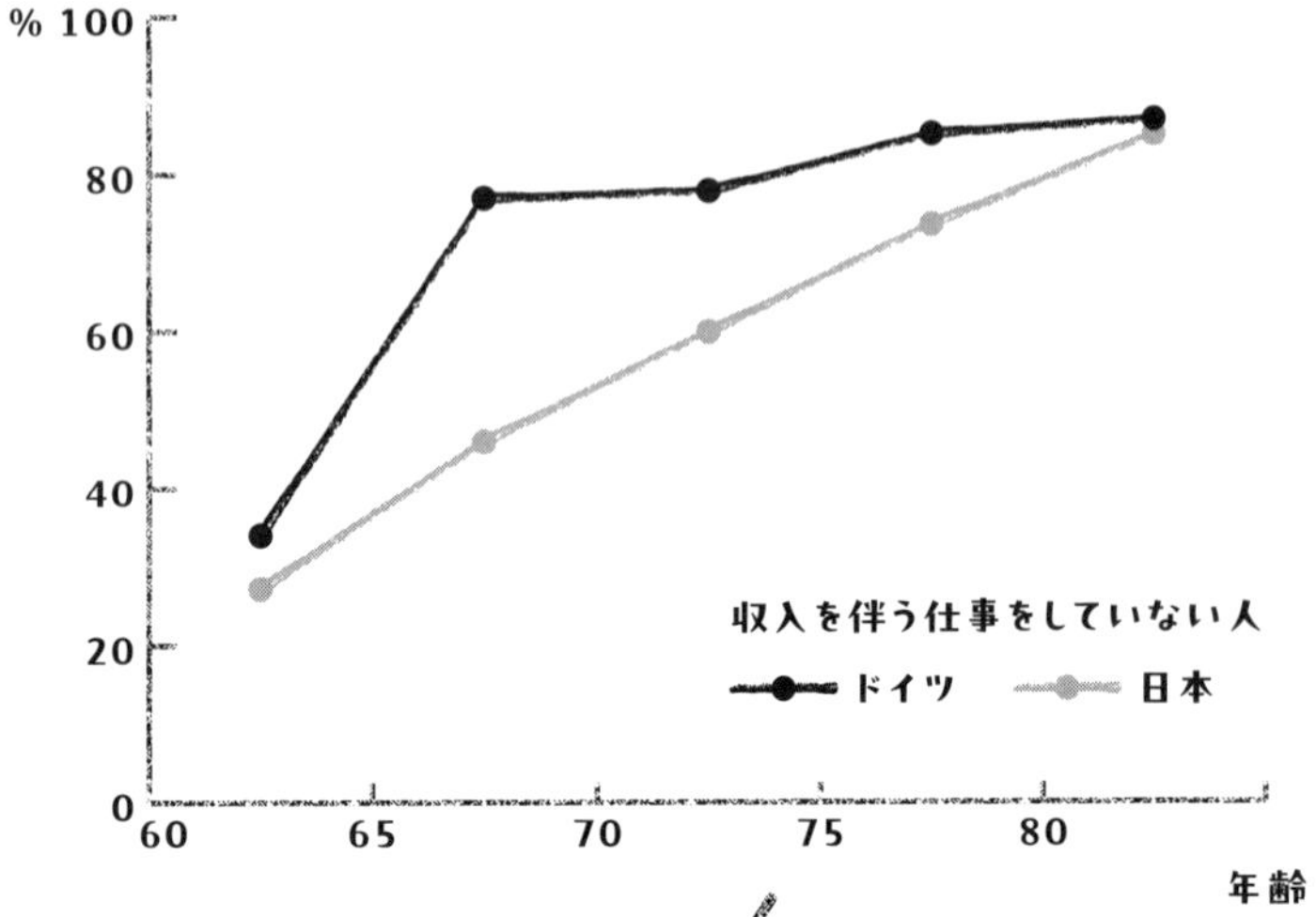

ドイツは年金受給開始の65歳で
リタイアする人が急増。
お金をもらう仕事をする
人は少なめ。
日本は仕事を続けつつ、
少しずつリタイア

参考:内閣府「高齢者の生活と意識に関する国際比較調査」(2020年度)

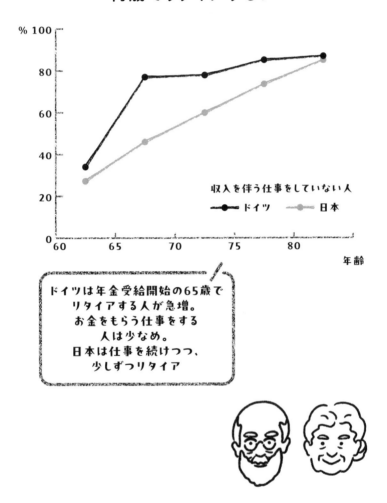

3 ドイツ人は認知症でも「今」を楽しむ

認知症になった「から」、世界旅行に行く

弟も私も仲良くしている、60代のアンナ（Anna）さん夫婦が日本に遊びに来た時のこと。夫婦が滞在中、彼らの長年の友達だという別のドイツ人の夫婦、ペトラ（Petra）さんとトビアス（Tobias）さん（ともに50代）も、観光に加わりました。

私はガイドも兼ねて同行したのですが、事前にアンナさんから言われました。

「トビアスは若年性認知症なの。でもペトラがちゃんと見てるから、あなたは心配しないで」

それでも「ペトラとトビアス夫婦」だけと待ち合わせた時は、ちょっと不安でした。

ペトラさんは精神科医で絵画やアートが大好き。ファッションも個性的で、オレンジ色の物を上手に取り入れた派手めのコーディネートが素敵でした。そして夫のトビアスさんも、こざっぱりとしたきれいな格好。笑顔がほわーんと温かい、とても感じの良い人でした。もし認知症だと言われなければ「話し好きのドイツ人にしては珍しく、あまりしゃべらないもの静かで

ニコニコしている人」で通りそうです。

「言いにくい話」は妻から妻へ

トビアスさんはかつてミュンヘンの病院の、小児科部門の主任医師でした。同じく小児科医であるアンナさんの夫、シュテファン（Stefan）さんの同僚で、公私ともに親しい間柄だったとのこと。ちなみにアンナさんも医師です。

ある時から、トビアスさんの様子がおかしくなります。職場で契約書にサインをしたのに、30分後には忘れてしまったり、事務方にすでに確認を済ませたのに、30分後にまた同じことを確認しに行ったり。

みんなに好かれていただけに、誰も彼に「あなたは、おかしいです」と面と向かって言えませんでした。でも、職場は子どもたちの命を預かる小児科です。万一のことがあっては大変だと同僚たちが話し合ったうえで、夫婦で親しかったアンナさんが、代表して妻のペトラさんに電話をすることになりました。**「センシティブな話は、妻から妻へと伝えたほうがスムーズにいく」**とみんなで考えてのことでした。

アンナさんが病院でのトビアスさんの様子を話したところ、最初はペトラさんに信じてもらえませんでした。夫の変化に気づいていなかったのです。**配偶者は毎日一緒にいるので、意外とその変化に気づかないケースもある**ようです。

もともと夫婦間でリーダーシップを発揮していたのはペトラさんでした。妻が様々なことを決め、計画するという夫婦の「リズム」は、ずっと「変わっていない」のです。二人は旅行が好きで、今まで世界のいろんな場所を旅してきました。そこでトビアスさんの認知症が発覚してからペトラさんは決心したと言います。

「今まで通り旅行をして、トビアスにこれからも世界のいろんな場所を見せてあげよう」と。

私は「欧米流のカップル文化」のファンではありません。どちらかと言うと、日本の「おひとり様文化」のほうがいろいろ自由で良いなと感じています。それでも旅行中にトビアスさんの楽し気な様子を見ていると「こういう時は『カップル文化』って強いなあ。いいなあ」と感じました。

「いつでもどこでもカップルで出かけるのが当たり前」という文化があるからこそ、ペトラさんは認知症の配偶者とともに、迷いなく世界旅行に出かけて行く。そして元気だった頃から「カップル同士での付き合いがある」からこそ、「自力で友達に電話やメールができない」夫に代わって、妻がマメに連絡を取り、友達夫婦と一緒に旅行をしたりディナーをしたりと楽しめるわけです。

東京ではアンナさんの家族4人、ペトラ・トビアス夫婦の計6人を私が案内し、いろんな所を回りました。ペトラさんはいつも夫を気にかけ、ちょっとぼーっとしていると「トビアス、こっちよ、こっち!」と呼びかけていました。決してモラハラ的な感じではなく、愛情をこめて面倒を見ていることがすぐにわかりました。

認知症の影響で話すこと自体が難しくなっており、言葉があまり出てこないなど、困難な部分もあります。初日にアンナさんが「トビアス、今日はどこのホテルに泊まるの?」と聞いたところ、彼は「ペトラに聞かなくちゃ……」と自信なげに答えました。

それでも私が「トビアスさん、電車の切符はもっていますか?」と聞くと、Suicaをポケットからサッと出し、子どものように得意げに見せてくれて、その姿はとてもかわいいものでした。困難な部分があっても、それが「すべて」ではないのです。

「認知症の友達はそっとしておく」ことが正解なのか?

トビアスさんは認知症が進んでいますが、体力があるため、「長く歩くこと」も平気です。

みんなで一日東京を観光した後は鍋料理を食べに行きましたが、元気いっぱいでした。駅の改札口で別れる時に、アンナさんやシュテファンさんたちに付いていこうとする一コマがあり、みんなで「よほど楽しかったのね」と大笑い。もちろんペトラさんが「違うわよー！　トビアス、こっちよ、こっち！」と改札の前で手を振っていました。

その光景を眺めていて思ったのは、トビアスさんは本当に愛されているということ。認知症なのに、彼を地球の反対側にある日本まで観光に連れて行ってくれる妻ペトラさんの彼への愛情は、全く揺らいでいないように見えました。かつての同僚も、認知症を発症した後もトビアスさんを気にかけ、いろんなイベントに誘ってくれています。だから、こうやってみんな一緒に観光をしているのです。

認知症の症状は様々です。トビアスさんの場合、「アグレッシブになることなく、笑顔あふれるキャラのままだった」のはラッキーでした。そして病気になる前の彼の「生き様」と「人徳」が今の彼を支えてくれています。

日本では「かつての同僚が認知症」と聞いたら、それまでどんなに良い関係を築いていたとしても「そっとしておこう」と考える人が多い気がします。この**「そっとしておく」というのは、つまり「積極的にはかかわらないで、遠くから見守る」という意味**です。

こういう時に、日本とドイツの文化の違いを感じます。ドイツでは仲良くしている人とは、できる限りずっと「積極的にかかわっていく」ものです。だからアンナさんたちにとってもトビアスさんと交流を続けることは自然なことで、こういう面ではドイツ人のほうが情に篤いのかもしれません。

誰もがそうであるように、もちろんトビアスさんが「今後どうなるか」は誰にもわかりません。でも、「今」のトビアスさんは配偶者とかつての同僚や友達に囲まれてとても楽しそうでした。その後、プロのガイドさんを頼み、二人だけで金沢へ向かったペトラさんとトビアスさん。私にも「浴衣を着て旅館の部屋でくつろぐトビアス」の写真が送られてきました。そのほのぼのする姿を見ていると**「人間、どんな時でも『生きる楽しさ』を優先していいんだ」**と前向きな気持ちになりました。

身体にいい食事より「今おいしい食事」

アンナさんは医師としても、「生きる楽しさを優先する話」をしてくれました。

「私の親戚のおじさんは87歳で、介護施設に入っていたのね。心臓病と糖尿病の持病があって、食べてはいけない食材がたくさんあるのよ。ただそのおじさんは昔からマリレンクネーデル（Marillenknödel）〔註：アンズを包んだ団子に砂糖をまぶした菓子〕が大好物でね、私が親戚と一緒に施設に行くたびに、おじさんは食べたいって話すのよ。

あまりにもおじさんがマリレンクネーデルの話をするものだから、親戚とも話し合って差し入れることにしたの。そりゃ私も医者だから、糖尿の人に砂糖たっぷりのお菓子が良くないことは知っているけど、これはもう『人生の質』の問題よね。87歳の人に『健康に悪いから』と、食事制限を強制するのは良くないと思うの。だって、先はもう長くないのよ！『好きな物を食べて幸せな気持ちで半年生きるのと、夢にまで出てくる好物を我慢して1年生きるのとどっちがいいと思う？』と聞かれたら、絶対に前者だと思うわ。子どもには『将来』がある。でも高齢者には『将来』なんてぶっちゃけないのよ。高齢者にあるのは『今』だけ。**高齢者こそ、『今』を楽しむことが大事なんじゃないかしら**」

かつての激務があるから、「今」を楽しむ

子どもの頃から医師になるという夢を抱いていたアンナさんにとって、小児科医として働いた数十年は充実した日々でした。もちろん大変な激務で、大病院に勤めていた時代はまともに食事もとれず、仕事中にトイレの窓から顔をつき出してサンドイッチを口に入れることもあったのだとか。

「その後、学習して白衣のポケットにハリボー（HARIBO）のグミを沢山入れておくようになったの！　ところで、30年ぐらい前までは医者が『時短で働きたい』なんて申し出るのは『あり得ないこと』だったのよね」

そんなアンナさんが最近感じているのが「世代間ギャップ」。かつての自分が全力で働いてきたという自負があるため、最初から「時短で働きたい」と語る若い医師に驚くのだそうです。ドイツの若い医師は急な呼び出しのある救急医もやりたがらない人が多いのだとか。日本もそうですが、ドイツでも「働く」ということに対するスタンスは、世代によってだいぶギャップがあります。

「50代までは、医師の仕事をして家族の面倒を見て、本当に時間がなくて大変だったけど、すべてをやり遂げて良かったと思える。経済的にも、一軒家のローンを私の収入だけで返し終えた時はものすごい達成感だったわよ。『やったー！』と叫びたいぐらい。すべての思い出が今の私の力になっている」

そんなアンナさんに「あなたの人生にとって一番大事なことは？」と聞くと**「やりたい！と思っていることを、今実行すること」**という答えが返ってきました。

「日本に行きたい！　と思っていて、夫も一緒に旅行ができたのは本当に良かった。夫も私も

60代前半でしょう。やりたいことは絶対に今、やるべきだと思うの。私は救急医もやってきたから、昨日まで元気だった人の健康状態が急激に悪化したり、もっと言うと『昨日まで元気だった人が次の日に死んでしまう』というケースをたくさん見てきているのよね。**人の健康、そして人の命は永遠ではない。何の保証もないから、やっぱりやりたいことは早くやるのが勝ち！** そう思っているの」

「年齢は自分で変えられないから、悩まない」

なるべく長く元気で健康でいられるように、アンナさんは食事に気を使い、定期的に水泳をし、毎日ジョギングをしています。

「私が10代の頃のドイツはね、『ジョギング』という概念がなかったの。私は体育が好きだったから、『かけっこ』のタイムを上げるために近所を走ったりしてたんだけど、家族にも近所のおじさんおばさんにも、『だいじょうぶ？　どうして走っているの？』と聞かれていたぐらい(笑)。それが今や世界中でジョギングが人気。私も毎日走って、その日の天気を肌で感じたり、体調の変化に気づいたりと、心身ともに前向きになれると実感してる。それに面白いのよ。何年か前から地元のジョギング・クラブに入ってるんだけれど、昨年、急に順位が上がったの。別にタイムが速くなったわけではないのよ。60歳を過ぎるとだんだんクラブをやめる人が出てくるから、ライバルが減ったの。タイム自体は上がっていないのに笑っちゃうでしょ。歳を取るのも悪くないわよ！」

豪快に笑うアンナさんに、私が「日本では年齢を重ねて外見が衰えることを気にする女性が多い」という話をふったところ、きっぱり言われました。

「年齢って、自分では変えられないものだから、私はいっさい悩まない」

名言だと思いました。

体型の変化から顔のシミまで、日本では何かと「年齢、年齢」と言いがちです。一方、ドイツの女性は一般的にアンチエイジングには積極的ではありません。「白髪は染めるもの」「シワはなくすべきもの」とは考えられていないのです。

そういった背景も影響しているとはいえ、アンナさんの言う**「今の年齢で元気に過ごせるためにできるだけのことをやる」「自分のやりたいことができていること」**が人を幸せにするのだと感じました。

「夫と私は同い年だから、2027年に二人とも66歳になって定年なの。それまでは、若い人がやりたがらない救急医として、体力が続く限りやり続けるつもり。それにね、老後もきっと忙しくなると思う。医者としてドイツの難民収容施設で働いてみたいとも思うし、私は国語が得意だから、ドイツ語ができない難民の子どもたちの宿題の面倒を見る、というボランティアもやってみたい」

まだ仕事を続けているアンナさん、シュテファンさん夫婦と、認知症を発症したトビアスさんとペトラさん夫婦の、置かれた状況は異なります。しかし、どちらも「今、やりたいこと」をやるドイツ人的カップルであり、だから長年、友達でいるのかもしれません。

気取らず生きるコツ

- ✦自分の今やりたいことをやる
- ✦時には「食べたい物」を思いっきり食べる
- ✦年齢など「自分では変えられないもの」について悩まない

同居の家族以外で頼れる人は誰?

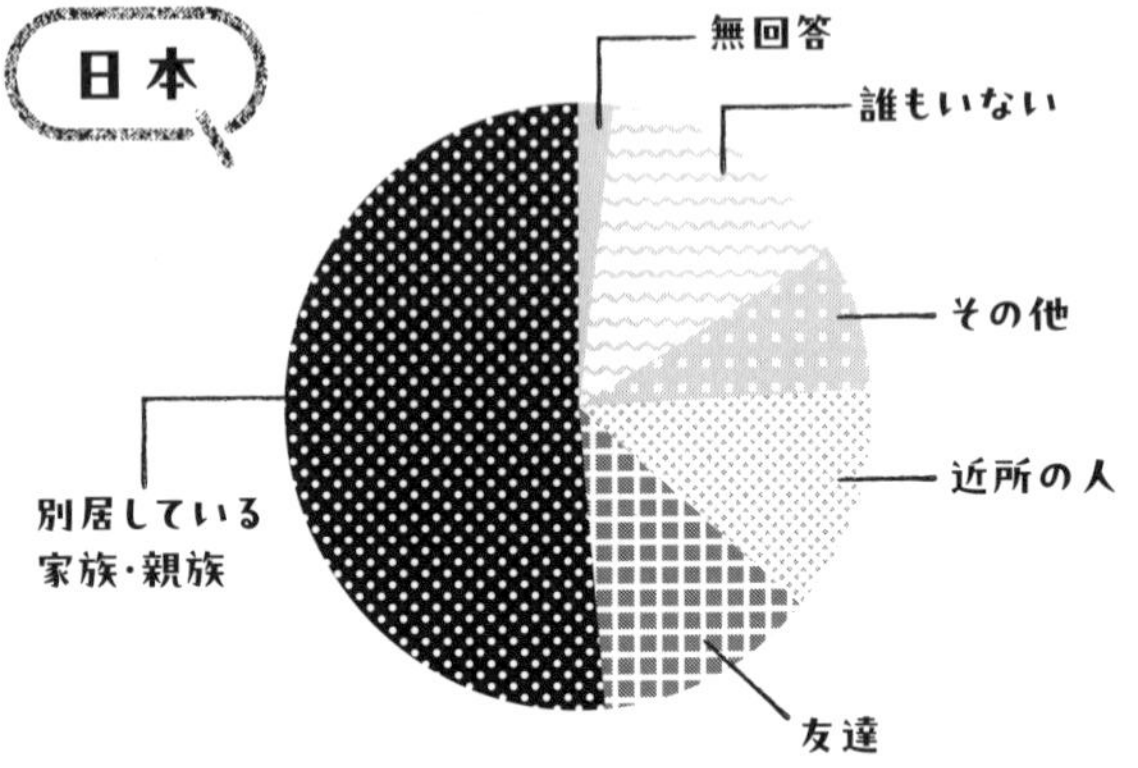

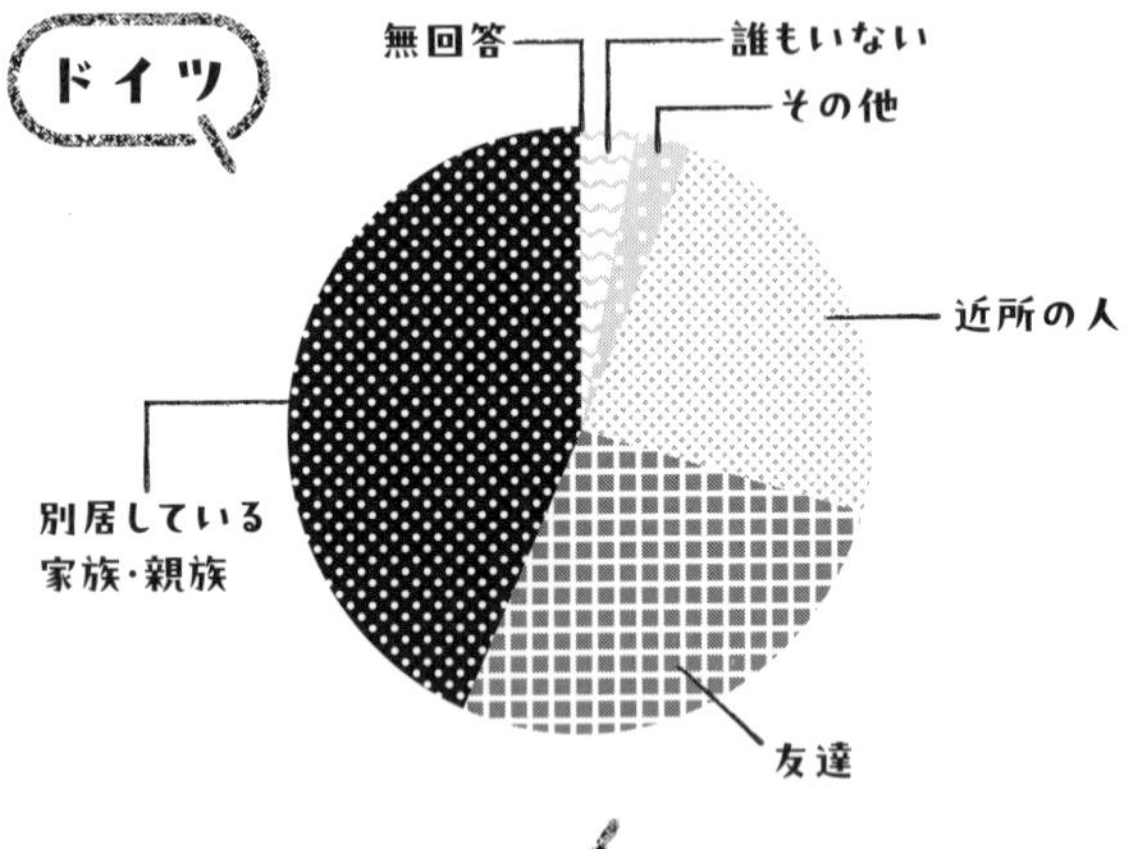

ドイツ人は友達や近所の人としっかり付き合っていた!

参考:内閣府「高齢者の生活と意識に関する国際比較調査」(2020年度)

4 ドイツ人は「仕事」と「趣味」を区別しない

趣味を仕事にすれば「生涯現役」

日本に住んで10年以上となるドイツ人女性のリナ（Lina）さん。彼女の両親はともに80代と高齢ですが、今もドイツで階段のある一軒家に住み続けています。二人とも元気で階段の登り下りにも支障がないとのこと。父親は画家で、86歳になった今も一日の大半をアトリエで過ごしています。絵を描くことはずっとやってきた仕事であり、生活の糧であり、夢中になれる趣味でもあります。だから「リタイア」という選択肢はなかったそうです。

定年という明確な終わりのある会社員と違い、自営業は体力と気力が続く限り「いつまでも続けられる」ことが魅力です。それがアートという自分の関心と深く結びついたことであれば、なおさらでしょう。リナさんの父親も、展示会の準備をしたり、日本をはじめ、海外の画家ネットワークの同業者や支援者との交流をしたりなど、「絵を描くこと」と「人と交流すること」で心身の健康を保っています。

風邪をひいたら「温かいビール」で治す

「(人生は) いつ終わりかわからない。だから楽しくポジティブに生きる」

これはアコーディオン奏者のホルガー（Holger）さんの哲学です。3歳でアコーディオンを始め、ドイツの大学でアコーディオンと教会音楽を専攻し、音楽の博士号を取得。アメリカの大学で音楽療法（ミュージック・セラピー）を学び、「音楽が人の精神に及ぼす影響」について研究しました。日本唯一の「ドイツ国家認定最高演奏資格」をもつアコーディオン奏者です。

「心の中にある『楽しい』という気持ちは身体に影響するから、いつでもポジティブに生きたい。ネガティブにもなるけど、またポジティブな波が来るのを根気よく待つんだ。僕はいつもそうしてきた。人生にはアップ&ダウンがあって、いずれ乗り越えられると確信している」

ホルガーさんのポジティブ思考は「健康的な生活をすること」においても役立っています。65歳でダイエットをし、なんと半年で20キロもやせました。「105キロの体重が84キロになった」と聞いて、私は思わず「何をやったんですか!?」と叫んでしまいました。

「コーラをやめた。毎朝ジョギングをした。だいたい9キロ、最低でも6キロは走るね。それから朝と夜、腕立て伏せと腹筋を15回ずつ」
「コーラをやめた」と聞いて、「これなら私も真似できる」と一瞬思いましたが、その後のジョギングや筋トレはなかなかハードではありませんか。それを半年間も続けられているのは、ホルガーさんが「ストイックかつポジティブ」だからでしょう。目標体重は75キロ。だから最近の夜ご飯はもっぱら「お蕎麦とサラダ」なのだそうです。

ホルガーさんとは、東京のドイツ系弁護士事務所などがスポンサーになっている「北ドイツのケールの会」(Norddeutsches Grünkohlessen)で知り合いました。東京のホテルで開催される、ドイツ料理の食事会です。
「料理はいかがでしたか?」と聞いたところ、「塩分が高めだし、健康的な食事ではないね」とバッサリで笑ってしまいました。「実は、あの晩に出たジャガイモやソーセージをほとんど口にしなかった」とのことで、すべてきれいに平らげた私は反省しきりです!

最近あまりドイツ料理を食べないホルガーさんですが、唯一の例外はザワークラウト(Sauerkraut)〔註:ドイツ伝統の酢キャベツ〕です。これを食べると胃腸の調子が良いのだとか。ちなみに「温かいビールと乾いたパン」を口にすると、軽い風邪なら治るというのがホルガー流。**ドイツの昔からの民間療法に「風邪をひいたら温かいビールを飲む」**というものがありますが、これはホップとモルト(麦芽)が免疫を高めると言われてきたからです。ホットにすればさらに身体も温まります。

「父親に教えてもらった南ドイツのアルゴイ（Allgäu）のレシピだけど、温かいビールはおいしいものではないので、小麦ビール（白ビール）にするとマズさが和らぐ」とのことです。

「○○なのに」の後に続ける言葉は？

ホルガーさんは日本に住み始めてすぐ、30代で心臓発作を起こしています。

「30代で心臓発作を起こしたのは、確かにネガティブなこと。でも、タバコもお酒もやっていなかったから、心臓発作から生き延びられたのだと自分では思っている」

これを聞いた私は「思考回路を改めなければ！」と強く思いました。もし私だったら、「タバコもお酒もやっていないのに心臓発作になった」とネガティブに捉えてしまいそうです。でもホルガーさんは**「タバコもお酒もやっていなかったから、心臓発作から生き延びられた」**と捉えているわけです。「○○なのに」という言葉の後に、「病気になった」などネガティブな言葉を続けるとマイナスになってしまう。しかし、**「○○なのに」の後に「生き延びられた」とポジティブな言葉を続ければ、プラスになる。**これは小さいようで大きな違いです。

心臓が弱いこと、毎朝薬を飲むこと、定期的に通院すること。どれもホルガーさんにとって

「生活の一部」です。「身体のために自分でできることは積極的にやる」、そして、温かいビールで風邪を治すという民間療法を受け継ぎつつ、「医師に頼るべきことは積極的に頼る」というのは、バランスがいいなと感じました。

退職後の「副業」はカメラマン

ホルガーさんが日本に住むきっかけとなったのは、チューバやコントラバスなど音楽仲間とともに日本でツアーをしていた1993年に、あるドイツの会社から「ソロの演奏活動をしてみないか」と声をかけられたことでした。公演後に話が弾んだ観客の一人が、今の妻です。長年、日本の大学でドイツ語と音楽を教えていましたが、退職後の今も精力的に演奏活動を続けています。アコーディオン演奏でお客さんに喜んでもらい、一緒に盛り上がることができる――それがホルガーさんの楽しみであり「生きがい」なのです。

ホルガーさんの最近のもう一つの生きがいはカメラです。趣味を超えて本格的にスタートしたのは大学を早期退職した2019年から。その年の「北ドイツのケールの会」にカメラマンとして参加したところ、好評でした。私が出会った2023年の「ケールの会」では、撮影が忙しかったこともあって、〝健康的でないドイツ料理〟を食べていなかったのですね！

イベントでの撮影や個人からの依頼も増え、インタビューした日は「横浜の海沿いでアナウンサーの撮影をしてきた」と楽しそうに写真を見せてくれました。私も「ケールの会」で撮ってもらいましたが、「人が楽しそうにしている瞬間をキャッチするのが絶妙！」と感じました。きっとホルガーさん自身も楽しい雰囲気を醸し出しているからでしょう。

ホルガーさんにとって、音楽もカメラも趣味であり仕事です。演奏をしている時も写真を撮っている時もわくわくするような熱く強い気持ちなのだと彼は言います。だから「趣味なのか仕事なのか」はあまり考えず「好きだから」やっているそうです。

音楽という生涯続けてきたことを老後も現役で続けられるのは「理想中の理想」です。さらにカメラマンとしても収入を得るようになったのは、ポジティブ思考の賜物でしょうか。

気取らず生きるコツ

✦基本姿勢を「ポジティブ」に固定する

✦自分に合う健康法を見つける

5 ドイツ人は人に寄り添う

老後こそ「人のため」にボランティア活動をする

ごく普通の会社員が、定年退職をきっかけにライフワークに目覚めたケースもあります。シュピーゲル誌（2022年16号）からエピソードを紹介します。

ペーター・バルト（Peter Barth）さんは2012年に退職。翌年、自分の住むヘーベルツハウゼン（Hebertshausen）がシリア、セネガル、アフガニスタンからの難民を受け入れた際に、町の職員に「彼らにドイツ語を教えてもらえないか？」と頼まれたことがボランティア活動の始まりでした。

当初はドイツ語会話を教えていましたが、そのうち「電車の切符の買い方」や「病院の予約の仕方」を教えたり、ドイツ語で役所に提出する書類の記入を手伝ったりと、活動内容が拡がりました。難民から話を聞いたうえで出入国管理局に電話をしたり、時には検察庁に電話をかけることもあります。サポートは多岐にわたり、ドイツで生活する難民にとって、バルトさんはアドバイザーであり、友達であり、悩みを聞いてくれる存在です。

自分の人生と難民の人生を重ねる

バルトさんが定年退職後、10年以上も「ボランティアにどっぷり」の生活を送っている背景には、自身の生い立ちが関係しています。現在76歳の彼は、戦後のベルリンで幼少期を過ごし、母親は3人の子どもを育てることに必死でした。

1949年にベルリンで食糧難による飢餓状態が発生したため、一家は南ドイツのバイエルンまで約600キロもの距離を徒歩で移動しました。貧困はその後も続き、母親は7歳の彼をベルギーの裕福な家庭に預けることにしました。

「あの時の寂しさは一生忘れることができません。言葉がわからず友達もいませんでした。人間関係に恵まれ、人からの助けがないと、統合（Integration）〔註：周囲に溶け込みその国や社会の一員になること〕は難しいと思います」

統合のためには「言葉の習得」と「仕事」こそが大事だと考える彼は、難民が職業訓練〔註：アウスビルドゥング（Ausbildung）というドイツ独自の職業訓練教育システム。中学卒業程度で受けることが多いが年齢制限はなく社会人にも適用される〕をできるように地元のレストラン経営者や町工場にかけあい、数々の就労を実現させてきました。母国でろくに学校に通えなかった人が、ドイツで職業訓練を受け、試験に合格し、調理師やパン職人、塗装作業員などとして働いている姿を見るのが何よりも嬉しいと、バルトさんはシュピーゲル誌のインタビューで語っています。「学校に行くよりも単純労働でもいいから働きたい。母国にお金を送りたい」と言う難民には「学校のほうが大事」と諭すことも。

今や難民支援のボランティアはバルトさんのフルタイムの「仕事」であり生きがいです。自宅にはボランティア活動用の「仕事部屋」を作りました。部屋の壁にはボランティア活動の成果である、自治体からの表彰状が飾られています。

死にゆく人の「ただそばにいてあげる人」

かつてはピアノ講師をしていた年金生活者のブリギッテ・ゼング（Brigitte Seng）さんは、10年ほど前からハンブルクにあるホスピスで「死にゆく人に寄り添い、時には話し相手になる」という付添人のボランティアをしています。

きっかけは、ゼングさんのピアノの生徒が脳腫瘍で亡くなったことでした。花をもって故人の母親に会いに行くと、母親は大変喜んだものの、ずっと泣いていたといいます。

「お母さんの悲しみを理解しつつも、あまり動揺することなく話を聞くことができました。だから、辛い立場にいる人の力になれるのではないかと思いました」

ゼングさんは週に一度ホスピスに通い、病を得た人や高齢者に寄り添っています。歌が好きな人なら、元気なタイミングを見計らって、一緒に歌を歌ったりもします。

「娘は成人し、家を出て自立しましたし、夫と私はまだまだ元気で健康上の問題はありません。親からの遺産も入りました。**自分の人生を振り返った時、自分は恵まれていると感じます。だからその分を社会にお返ししたい**」

高齢者に限らないことですが、ドイツではこのように「自分は精神的にも経済的にも余裕があるから、ボランティアをして社会に貢献したい」と語る人が結構います。日本でもボランティア活動をする人はいますが、理由として「余裕があるから」「自分が幸せだから」と堂々と答える人はあまりいないように思います。どんな場でも謙虚さを大事にする日本人と、自分の状況や心理状態について堂々と語るドイツ人。私は日本人の謙虚さも好きですが、ドイツの人が年齢を問わず「自分」について屈託なく話す姿も、人間臭くて好きです。

現役時代のスキルを人のために使う

ドイツには対象者に特化したボランティア団体が複数ありますが、その中の一つが「バルーと一緒」(Balu und Du)です。学校の教師とも連携し「特別な気配り(ケア)を必要とする子どもとメンターをつなげる」団体です。

家庭環境に問題があったり、親が難民としてドイツにやってきたりして、学校にあまりなじめない子どもたち。その一人ひとりが、メンターである大人と、じっくりと長い時間をかけて「一対一」の関係を築いていきます。「バルーと一緒」のサイトによると、この団体は設立した2002年から、のべ1万5000人以上のメンターを子どもとつなげてきました。

母国から逃れてきた難民は、自分たちの問題で精一杯。子どもも多いため、なかなか一人ひとりのケアにまで手が回らない親が沢山います。そんな難民の子どもたちは、家庭でも学校でも居場所を見つけることが難しいのです。だからメンターが、一緒にアイスを食べたり、子ども向けの劇を見たり、プールで泳いだり、ケーキを作ったりします。

特別なプログラムがあるわけではなく、基本的には週に一度会い、「子どもが好きなこと」を一緒にやる。大事なのは「何をするか」を子どもに決めさせることです。その子の興味を引き出し、自己肯定感を高め、一般の学校に通えるようにしていきます。

「子どもとかかわるボランティア」をしている人は、やはり現役時代に学校や幼稚園の先生だったりと、何らかの形で子どもとかかわってきた人も多いようです。

私の友達のサラ（Sarah）さんの母親も、かつて小学校の国語の先生でした。仕事を早期退職した後、自宅のキッチンで週に一度、パレスチナ人の小学生にドイツ語を教えています。

コロナ禍になったばかりの頃、サラさんはこう話していました。

「母にとって一番辛いのは、コロナのせいで、パレスチナ人の女の子が家に来られなくなって、ドイツ語の授業が中断されたことみたい」

子どものドイツ語が少しずつ上達し、1年前だったら考えられない速さでスラスラと難しめのことを話す。成長を見守ることがサラさんの母親の生きがいなのでしょう。

「現役時代の仕事」で身についたスキルを、今度は誰のために使うのか？ これが老後のボランティア活動のヒントになるのかもしれません。

老後は「現役時代」の延長線上にある

バルトさんは「難民」にかかわる仕事をしていたわけではありません。それでも彼自身が子どもの頃、外国であるベルギーで寂しい思いをしたことが活動の原点になっています。

ゼングさんは偶然、人の不幸にかかわり、「自分には身近な人を亡くした人を支える強さがある」と発見したことが、ボランティア活動につながっています。

こう考えると「老後の活動」は「今までの人生でやってきたことや考えてきたこと」の延長線上にあるといえるでしょう。

老後というと「この日までは現役で働いていた日」「この日からは年金受給者」と境界線のようにはっきりと分けて考えられがちですが、退職後の活動や生き方が今までの人生でやってきたことの延長線上にあるなら、あまり節目にこだわる必要はありません。

「今まで自分はどんな仕事をやってきたか？」

「どういうことが得意なのか？」

「根気のあるタイプ、それとも気が短いタイプ？」

いろんなことを自分なりに分析して、ボランティアの内容を考えるのもよい気がします。いろいろと自分の「今までの人生」を調べていくなかで、活動的な高齢者になれたらいいな、と漠然と思い始めている私は、やはり今のように「言葉」を使う活動ができたらいいな、なんて思い描いています。

気取らず生きるコツ

✦ささやかでも「自分ができること」を人のために役立てる
✦「ちょっとした自慢」は人間らしくていいこと

6 ドイツ人は「近所付き合い」を忘れない

「窓辺の高齢者」か「15年間コーヒーを飲む関係」か

ドイツを観光しているだけだと意識しないかもしれませんが、少し長めに住んでいると、気づくこと。それは街中や住宅街を歩くと、窓から顔を出しているおじいさんやおばあさんがいることです。窓台（窓敷居）にクッションを敷いて腕を乗せ、身を乗り出すようにずっと外を見ている高齢者、特に男性をドイツではよく見かけます。

私も住宅街を散歩していて、「この家の花はきれいだなあ～」なんて見上げた瞬間、窓から顔を出したおじいさんと目が合うということが何度かありました。

ドイツでは、知らない人同士が会話をすることは珍しくありません。そこですかさずこちらから「こんにちは。素敵なお花ですね」なんて話しかけると、先ほどまでブスっとしていたのが嘘のように、フレンドリーな笑顔が返ってくることもあります。

ドイツのきれいな家は「監視社会」の産物？

ドイツの一般論でいえば「窓辺の高齢者」の評判は決して良くありません。近所の出来事を随時観察し、記憶し、時には記録し（！）、集合住宅の場合、その詳細を管理会社に「告げ口」するという**「勝手にひとり警察」をやっている高齢者**も少なくないからです。

「子どもが中庭で大声を出していた」「鬼ごっこを30分もしているのは長すぎではないか」などといった「子どもの騒音」に関連するクレームに始まり、ご近所の帰宅時間を注意深く監視し、「あの人の自動車は日曜日の朝には駐車場にあった。旅行から帰ってきているはずなのに、日曜日のミサに行かなかった」などと言い出す人も。

「誰々さんは何年か前に買ったばかりなのに、先日また新しく車を買った」など、どう考えても妬みだとしか思えないものもあります。

そこに外国人嫌悪が加わると、もう目も当てられません。

「いつもスカーフで頭を覆っているあの奥さんは、なぜあんなに子どもの数が多いのか」などという発言も多々あります。そしてなぜ「人の子だくさん」が気になるのかというと……やはり暇さえあれば窓の外を眺めているから「一言、言いたくなる」わけなのです。

「ドイツの家は外から見ても中から見てもきれい」という日本人旅行者の感想どおり、確かにマメに窓ふきをし、窓辺に花を飾り、外観の美を追求している人は多いのです。しかし私は、「きれいな理由は個人の美意識だけではない」と感じます。

「自分が人の家を見ているから、人も自分の家を見ているだろう」

その思いからせっせと窓を磨いて、明るい色の花をベランダや窓に飾る……。ドイツの家の外観がきれいなのは、もしかしたらある種の監視社会だからかもしれません。

一軒家が建ち並ぶ住宅地では、近隣住民から「外観や庭の手入れが行き届いていない」とクレームが入ることさえあります。そんなこんなで、窓辺の花も窓に張り付いているおじいさん・おばあさんも、「ドイツの風物」ではあります。

若きマイスターたちとの交流

日本在住のレギーナ（Regina）さんは58歳。両親は、ミュンヘン郊外フライジング（Freising）の広い敷地に建つ一軒家に住んでいました。農家も多い、いわゆる田舎です。

「お腹すいていない？　ブロートツァイト（Brotzeit）〔註：バイエルン風のパンやハムなどのおやつ〕

を食べていかない？　コーヒー飲んでいかない？」

母親は、家を訪れた人に挨拶のようにこのような声をかける、よくしゃべりよく笑う明るい人柄でした。実家には年齢や性別を問わず多くの人が出入りしており、近所に住む暖房整備士、塗装工、農業機械士などの若い職人たちは〝常連さん〟でした。

ドイツの職人はマイスター（Meister）と呼ばれるプロフェッショナルです。国家資格ゲゼレ（Geselle）を取得した後、キャリアアップや起業に向けて、各業種の師匠のような立場を目指すための資格が「マイスター」です。

マイスター資格には2種類あります。「手工業マイスター」は、製菓や製パン、ハム・ソーセージの食肉加工、ビール醸造、義肢装具製作、木工家具製作など。「工業マイスター」は電気設備士、自動車整備士、産業機械工など。「工業マイスター」は企業に勤めるケースが多く、「手工業マイスター」は独立するケースが目立ちます。

ゲゼレやマイスターを目指す場合、小学校を卒業したら大学進学ルートとなるギムナジウム（Gymnasium）ではなく、基幹学校（Hauptschule）や実科学校（Realschule）に進むのが一般的です。「画一的な勉強よりも手に職をつける教育システム」と言われますが、マイスターとは、ゆくゆくは後輩を育成する立場です。そこで経営学や教育学、技術開発についても学ぶ必要があります。資格取得に集中するか、働きながら目指すかによって、マイスターになるまでの年数は様々です。

職人さんが家に来た時、レギーナさんの母親は「高い所にしまってある帽子が取りたいの」と頼み、ビールを飲みたい気分なら「一緒にビールでも飲みましょう。ゲトレンケラウム（Getränkeraum）〔註：飲み物置き場〕から持ってきてちょうだい」と声をかけます。

レギーナさんが訪問していた時も職人さんが来ていて、彼はごく自然に「君の飲み物も何か持ってこようか？」とレギーナさんに一言。「母が本当に良い人間関係を築けている雰囲気でね。ほのぼのしちゃった」と話してくれました。

その後、父親が亡くなってからは、実家のキッチンにある古い暖炉に薪を入れるのも、若い職人さんたちが当たり前のように引き受けていたそうです。

こうした付き合いができたのは「ちょっとお願い」と気軽に頼める「キャラ」のおかげでもあります。つまり何か困ったことがあれば自ら声をかけるのがレギーナさんの母親にとっては普通だったし、周囲の人にとっても「頼まれること」や「お世話になること」が普通だったからでしょう。

15年間「朝のコーヒー」を一緒に飲む関係

レギーナさんの母親は慢性腎臓病のうえ大腸癌と悪性リンパ腫を患っており、やがて車椅子での生活となりました。リフォームや介護の費用を捻出するために、母親は自宅の広大な敷地の一部を売却。かつての庭の前に小さな家が2軒建ち、それぞれに男性が一人ずつ住むことになりました。

新たな「お隣さん」となったギュンター（Günther）さんは、時間に自由が利く仕事をしており、毎朝、訪ねてくるようになりました。母親が定期購読している地元の新聞を読み、少しおしゃべりをして帰るのです。

「朝の30分、隣の家で新聞を読みながらコーヒーを飲む」という日課は、なんと15年間続きました。私はこれを聞いてまさにドイツ版「寅さん」のような世界だと思いました。

「そういえば、母と一緒にミュンヘンにオペラを観に行ったある夏、エレベーターが故障中だったの。どうしようと呆然としていたら、自然に周りの人が集まってきて、母は抱き抱えられて会場に入れたわ。あれもいい思い出だわ」

監視社会になってしまう弊害はあるけれど、濃厚なご近所付き合いも残っているドイツ。それはおせっかいなのか、人情なのか……。レギーナさんの母親の話から感じるのは、「ちょっとお願い」と気軽に言えることの大切さでした。

気取らず生きるコツ

- 困ったことがあれば、遠慮なく「お願い」する
- 自分が手伝えるところは手伝う
- 身近な人との会話を楽しむ

7 ドイツ人は「家族のかたち」にこだわらない
日本の親子関係は世界のなかでもドライ？

日本とドイツを比較して私が感じるのは**「親子関係」は日本のほうがドライ**だということです。

たとえば成人した息子や娘が東京で働き、親が地方都市に住んでいる場合、子どもが帰省して親に会うのはお正月ぐらいだったりします。電話も週に何度もするという日本人はむしろ少なく、「たまにする程度」という人がほとんどのようです。

もっとも、都会で働いている人は忙しいことが多いのでそう頻繁に電話はできないし、親から連絡を受けても、折り返しをうっかり放置してしまったとしても責められることではないでしょう。

いっぽう、ベルギー、フランス、ドイツなどの私の知り合いや友達を見ていると、「親子関係が濃い」と感じます。毎日のように親と連絡を取ると語るベルギー人女性は、**「週に一度だ**

けしか親と話さないなんて、本当に信じられない！」と言います。

個人的には「連絡しないのは愛情がない」とは思いません。もしかしたら、家族であっても愛情や気持ちを「言葉」で表すことを重視している「欧米流のコミュニケーション」vs.「家族間の阿吽《あうん》の呼吸」を信じる日本人、という違いなのかもしれません。

「ヨーロッパ的な嫁・姑関係」とは？

ヨーロッパ人のほうが、親との付き合いが濃い——これは実の親に限らず、義両親に対しても同じです。日本はかつて「結婚すると女性は『嫁』となり、姑や舅にいいように使われて酷い目に遭う」なんて話がザラでしたが、現在も改善したとは言い難いようです。匿名で悩みごとについて相談したり、意見を書き込んだりできる読売新聞の掲示板サイト「発言小町」でも、「義両親とはあまりかかわりたくない」という意識が感じられます。

その点、ヨーロッパの女性は、だいぶ様子が違います。

関東在住のノルウェー人女性は夫（日本人）がいなくても、地方都市に住む義両親（日本人）にマメに会いに行って、交流を深めています。また都内在住のあるドイツ人女性は「クリスマスの雰囲気を味わってもらいたい」と家をクリスマス風に飾り付け、手の込んだ料理を用意し、義母を東京駅まで迎えに行って、いろいろともてなしていました。

そこには「嫁としてやらなくては」という義務感よりも、「家族になった人なのだから交流をしたい」という意欲が強いように感じます。もっとも、日本人の義両親も、嫁が外国人だと良い意味であきらめがつくのか、「日本の嫁にならなく求めそうなことを求めない」ために、良い距離感が保てている点は否定できません。

私自身も、亡くなったロシア人の義母の服を譲り受けて着ていたりします。この感覚は、もしかしたらヨーロッパ的なのかもしれません。

日本では男性が母親と仲良くすると、即「マザコン」だと決めつける傾向がありますが、ヨーロッパではそれはむしろ普通のことです。「母親の誕生日に妻と入籍したよ」というドイツ人男性の話を聞いて、私は素敵だなと思いました。

ドイツのクリスマスは豚肉料理

日本ではお正月を「家族で過ごす」ことが一般的であるように、ドイツではクリスマスを家族で過ごすのが一般的です。ドイツでは12月25日と26日が祝日で、親戚の家に挨拶に行ったり親戚が家に来たりと、「クリスマスは家族や親戚との交流が最も濃い数日間」なのです。24日のイブにはツリーの前でプレゼント交換をし、地域ごとに異なる豚肉料理を食べてお祝いします。

南ドイツではシュヴァインスハクセ（Schweinshaxe）という豚肉料理〔註：特にバイエルン地方でよく食べられる、カリッと焼いた豚すね肉のロースト〕などのご馳走を食べながらお祝いします。ちなみに私が育ったミュンヘンでは、お祝いごとや特別な日の食事には「白ソーセージ」（ヴァイスヴルスト Weißwurst）も登場します。よく挽いた仔牛肉、新鮮な豚肉のベーコンを使い、風味付けはパセリ、ナツメグ、たまねぎ、しょうが、カルダモンなど。これらを新鮮な豚の腸に詰めます。豚の腸はゴムのように硬くて食べられないので、ナイフで切り目を入れて中身だけを食べます。なお、白ソーセージは昔からの習慣で午前中にいただきます。

「元家族」も「今の家族」も一緒に過ごす

クリスマスに集まるメンバーを見ていると、日本とドイツでは「家族観」がだいぶ違うことがわかります。日本では夫婦が離婚をすると、元配偶者はもちろん、元配偶者の親きょうだい、親戚とも縁を切る、または交流をしないという考え方が一般的かと思います。配偶者と死別の場合も、その後再婚をしたら、再婚相手やその家族の手前もあり「元配偶者の親戚とともにお正月を過ごす」というのはあまりないでしょう。ところがドイツでは、こうした関係性の人たちとクリスマスを一緒に過ごすのは「アリ」です。

たとえば、日本旅行にやってきたドイツ人女性アンナさんは、死別を経て再婚しています。元夫ハインツ（Heinz）さんは58歳の時に、多発性硬化症で亡くなりました。ハインツさんの死後、アンナさんは大学の同級生で、同じく小児科医のシュテファンさんと再婚。その後も、元夫ハインツさんの親戚と交流をしています。

２０２３年のクリスマスにアンナさんとシュテファンさん夫妻の家に集まったのは、アンナさんと亡きハインツさんの間に生まれた成人した子どもたちと、彼らのパートナー。そして、シュテファンさんと元配偶者との間の成人した3人の子どもたちとそのパートナー。さらに……亡きハインツさんの高齢の父親、叔母とその娘とその配偶者でした。**離婚・死別・再婚などで、家族は拡大していくのです！**

アンナさんは楽しそうに話します。

「ハインツの父親秘伝のヴァイナハツプンシュ（Weihnachtspunsch）〔註：クリスマスに飲むベリー系の温かい飲み物。オレンジジュース、フルーツやラム酒を入れる〕を作ってみんなで飲んで、楽しかったわ。おじいちゃんの秘伝はね、『ラム酒をとにかくたくさん入れること！』よ」

ヨーロッパでも家族や親戚付き合いには様々なかたちがあります。でも「配偶者と別れたら、それに関連する親戚付き合いを一切断ち切る」という日本人のような感覚をもつ人は少数派です。

縁あって一度家族になった人、縁あって親戚になった人とは、よほどのことがない限り「交流を続ける」ドイツ人。アンナさんのようにそういった「つながり」を大事にしていくのも、人との縁が豊かな老後につながる気がします。

気取らず生きるコツ

- ✦親や親戚とマイペースで付き合う
- ✦「家族のかたち」にこだわりすぎない

8 ドイツ人は「出会い系」で愛を語る

女同士の付き合いよりも、やっぱり恋愛のほうがいい？

「私の71歳の女友達がね、このあいだ思いっきり恋をしたのよ！」

こう話してくれたのは、64歳で留学するなど、おひとり様を満喫中のベアーテさん。聞けば、その女友達は夫を亡くしたあと、長らくシングルだったとのこと。生活に特に不満もありませんでしたが、ある時、ときめく相手に出会ってしまったのだとか。

「**久しぶりの恋愛は『大変』のひとことに尽きるわ**……60代の私が70代の友人から10代の女の子のような恋愛相談を受けることになるとは思わなかったわ。だって、すごいのよ。『電話したほうがいいと思う？』と聞いてきたかと思ったら、『電話、やっぱりやめておいたほうがいいかしら……？』『やっぱり電話するのやめるわ』『やっぱり電話したの♡』というような連絡がひっきりなしに来るんだから」

目を白黒させているベアーテさんに「それで、その恋はどうなったんですか？」と聞くと、笑い出しました。

「結局、本人がそのうち『大変過ぎるわ』と言って自分からやめたのよ。ときめいたのはいいんだけれど、高齢というのもあって一日中『ああしたほうがいいかしら？　こうしたほうがいいかしら？』『私のことをこう思っているかしら？　それともああ思っているかしら？』と考えるのに疲れちゃったんだって。それで今は嘘のように、もとどおりの地に足のついたシングル生活に戻っているのよ。人間ってよくわからないわよね」

配偶者に先立たれたら「出会い系」へ

ドイツ人が配偶者やパートナーが亡くなったあとの恋愛に積極的なのは、ヨーロッパは断然「カップル社会」だからでしょう。**ドイツでは昔も今も大手の新聞に「出会い系のページ（現在はサイトのことも）」があります。**自己紹介とともに相手に求める条件などを書いて投稿するのですが、10代の頃、私はよく友達とこの「出会い系」に書かれた文言を見ては笑い転げていました。


自信たっぷりの自己紹介に、「ほんとうかな～？」と思うことも多いのです。

「『身長187センチでスポーティな体型』と書いている人は、いい身体かもしれないけれど、髪の毛がないのかな？『週末は家で君とゆっくりしたい』ということは、君に家事をやってもらいたいし、外でお金を使いたくないのかも？」

いろいろと友達と妄想しては笑っていました。まあ私たちの性格が悪かっただけかもしれませんが。それでもドイツ人と話すと、「出会い系」での自己アピールの「誇張」がよくネタになるのは確かです。

日本と違うのは、文言がラブレター調になっていることです。たとえば「かわいい天使のような君が舞い降りてくれれば、戦争だらけのこの世界にも光がさします」というふうに、ラブレターに社会ネタを盛り込んだものをよく見かけます。

これを読んで、単なるロマンチストなのか、それとも面倒くさい性格の人なのか、どう判断するかは難しいところです。

先日、Xにあがってきてツッコみどころ満載だなと思ったのは、ある男性の投稿です。「若くてエネルギーがいっぱいの素直な君にいつもそばにいてほしいし、味方になってもらいたい」の後、例のラブレター調のロマンチック系の語りが続き、「身長は179センチ」だとあり、最後にサラっと「自分は寡夫で年金生活」と書いています。趣味は「釣り」とのことですが、釣りが趣味の年金生活の男性のもとに、なぜ「歳下のエネルギーいっぱいの素直な女性」が現れると思っているのか……？　やっぱりいろいろとツッコみたくなってしまいます。

「出会い系」は文章力がものを言う？

日本とドイツの大きな違いは、日本で「出会い系」は「ここ数年、主に若者の間で流行っているもの」として認識されているのに対し、ドイツでは昔から大手の新聞が出会い系のページを用意していたため、古い世代にも市民権を得ている点です。たとえば高級紙である南ドイツ新聞にも昔から出会い系のページがありますし、アウクスブルクの地元の新聞でも出会いを求めるページがあります。もちろん個人の住所などは載せず、私書箱やメールアドレスで連絡を取り合う形です。

「出会い系」に投稿している文章についてずいぶんと茶化してしまいましたが、ごく自然なものが大半です。自己紹介に「自分の日々の過ごし方」「大事にしていること」をまず開示し、住んでいる町の名前を挙げたうえで、「私は地元愛が強い（つまり引っ越しをする気はない）」と書けば、自分の立ち位置や希望を伝えることができるので効率がいいのです。たとえば、こんな感じのいい投稿もあります。

――私はもともと薬剤師で、自然の中で過ごすのが好きで、現在パートナーはいません。年金生活に入ったばかりで、真面目で優しいパートナーを探しています。寡夫でもバツイチでも構いません。ミュンヘンや近郊で様々なレジャーを二人でできればと考えています。貴方の詳細を写真とともにお送りください。

なかには自虐センスのある投稿も。

――私はペトラ、58歳で162センチ。朝ごはんはいつもトースターと一緒に食べています。会話の相手はテレビ……そのうち掃除機に恋愛感情を抱くのではないかと不安です。ご連絡をお待ちしております。

そして「素晴らしい！」と思ったのがこの投稿。

――私は女性で82歳、楽天的な性格で人生を楽しんでいます。様々な分野で知識を身に付け、いろんなところに旅行しましたが、決してうぬぼれてはいないつもり。でも英語は完璧に話せます。基本的にいつも機嫌は良いです。バイエルンの山々が大好きで、飼犬のメスのシェパードも大好き。この投稿で素敵なパートナーと出会いたいですし、そのパートナーがバイエルンの山に住む人であれば、なおのことお会いしたいです。

基本的にドイツの「出会い系」では、書くほうも読むほうも「文章力」が問われるというのは間違いなさそうです。この人は条件だけを羅列しているのか、あるいは人をクスッと笑わせる能力があるのかが、文章を読めばある程度、伝わってくるというわけです。

「カップル文化のドイツ」と「女子会文化の日本」

あるドイツ人女性に「高齢者の恋愛についてどう思う？」と聞いてみたところ、クールな答えが返ってきました。

「文化の違いはあるわよね。ドイツではとにかく、パートナーがいることが大事。でも日本は『配偶者が亡くなったあとは一人でもよい』と考える人が多い気がする。私自身は実は日本スタイルで、自分がおばあちゃん（オーマ Oma）になって夫が先に亡くなったら、おばあちゃん同士で女子会をやるのもいいと思う」

彼女は日本に長く住んでいたので、もしかしたら価値観が少し日本的になっているのかもしれません。確かに日本には「女子会」があり、男性は男性で「つるみがち」です。

ドイツは対照的に、老いも若きも「カップル文化」なので、映画館に行くのも、旅行に行くのも、「いつもカップルで」という人が年代を問わず珍しくありません。驚くのは、2024年のジェンダーギャップ指数では世界第7位、それだけ**男女平等が進んでいるドイツなのに、「一人で外食する女性」が市民権を得ていない**ことです。

「一人でレストランでランチをするのはちょっと……」と考える女性は、体感として日本よりもドイツのほうが圧倒的に多い印象です。それが夜ご飯であればなおのこと。

だから私もドイツ人の女友達と食事の約束をし、直前に「彼氏も連れて行っていい？」と打診があっても、特に驚きません。よほどの理由がない限りは応じます。ただ日本的な感覚だと、こういうのは「×」であるということも、よくわかるのです。

「私&カップル」の3人で山歩きをしたり、食事をしたりというのは嫌いではありません。その一方で、ドイツ人女性の口から発せられる文章がすべて「私の夫が……」（“Mein Mann”）で始まるのは、少々疲れるのでやめてほしいな、と思ってしまいます。

日本では、長年付き合いのある友達でも「夫の話」がほとんど出てこないことも多く、実を言うと私はこれを「居心地がよい」と思っています。友達のパートナーの話にどう反応したらよいか困るからというのもありますが、ぶっちゃけ「もっと面白い&オチのある話があるでしょ」と思っているからです。まあ、私自身が夫の話を全くしないかと聞かれると自信はありませんが、自分の話や芸能ネタ、時事ネタが多い自信はあります。

なにはともあれ女性も堂々と「一人ランチ」「一人カラオケ」や「一人旅」ができる日本は「おひとり様に優しい素晴らしい国」だと思います。

こうして「ドイツ人は〜」という本を書いているわけですが、ドイツも日本も知る私としては、おひとり様や女同士の心地よさもよくわかります。だからこそ、「恋はしてもいいし、しなくてもいい。幾つになっても好きにしたらいい！」と思うのです。

気取らず生きるコツ

✦「出会い系」も積極的に活用する
✦「女同士の付き合い」か「カップル主義」かは個人の選択
✦恋はあくまで「マイペース」で

9 ドイツ人は老人ホームで恋をする

最後の恋は死の間際まで

67歳のドイツ人男性のアントン（Anton）さんは、２００９年に母親を亡くしました。苦しい闘病生活を経て母親が逝ってしまったあと、父親は少し様子がおかしかったとアントンさんは言います。たとえば、実家を訪れた際、父親の足元をふと見ると、左と右で違う色の靴下を履いていました。

「ソックスの色が違うよ」と指摘しても、「靴を履けばわからない」だとか「他の人は気づかないと思う」などと言って履き替えようとしません。妻がいなくなったことで、父親の生活に支障が出ていることは明らかでした。ふさぎ込む時間が長くなったこともアントンさんは気になっていました。

「今の時代は、『男の人は一人では何もできないから、妻が先立った後の高齢男性には女性が必要』というのは古い考え方だと理解しています。でも、私の父は古いタイプの人間で、やっぱり女性の助けが必要だと思いました」

やがて父親は、ヨハンナさんと一緒に暮らすことになりました。家族ぐるみの昔からの友達で、夫を亡くした女性です。実はアントンさんの母親は亡くなる前に、こう言い残していたのです。

「(私の死後に夫が女性と一緒になるならば)ヨハンナ(Johanna)がいいわね」

いわば元妻のお墨付きをもらっていたヨハンナさんと一緒になってから、父親は活動的になりました。ドイツは高齢でもパートナーをもつことにオープンな社会で、家族も積極的に応援します。父親とヨハンナさんのカップルは、お互いの子どもたちやその配偶者とみんなそろってドナウ下りを楽しむなど、仲睦まじく人生の最後の時期を楽しんだそうです。

遊び心があると、人生が楽しくなります。私もたまに「もし自分が先に死んだら、夫にはどういう女性が合うのかしら?」などと、妄想を楽しんでいます。

亡き夫とそっくりな「新しい恋人」

現在50代後半のカトリン(Kathrin)さんに話を聞きました。カトリンさんの母親は、「身体に不調はあっても、基本的に自分で生活ができて思考がはっきりしている」高齢者が中心の、ニーダーザクセン州にあるグループホームに入居しました。そこで友達ができる人も大勢いましたが、カトリンさんの母親は、なんと「彼氏」ができたそうです。

「母は若い時は両親と住んでそのまま結婚したから、一人暮らしというものをしたことがないのよね。だからグループホームで頼れる人ができて、とても嬉しかったみたいなの。

母の新しいパートナーはヘルムート（Helmut）さんというのだけれど、亡くなった父の名前も同じヘルムートだったの！　私がグループホームに行くと、母が父に呼びかけていたのと同じように『ヘルムート、ヘルムート』と言っていて、笑っちゃった。母は足腰が悪いんだけど、新ヘルムートさんはいい人で、母親の分の買い物もしてくれるのよ。で、新ヘルムートさんが『買い物に行ってくるね』と言うと、『ヘルムート、麦わら帽子を忘れないでね』と母が追いかけて行くの。この出かける間際のやりとりも父が生きていた時と全く同じなの」

カトリンさんは実に微笑ましいといった口調で話します。

「父は建築系の仕事だったんだけど、聞いてみたら、新ヘルムートさんも現役の頃は建築の仕事だったんですって。新ヘルムートさんの娘さんも感じの良い人で、『新しいパートナーと出会ってから父は明るくなった』なんて嬉しいことを言ってくれるのよ。私が偶然娘さんと施設で会った時は、４人でトランプをしたの」

91歳の男性がした「命懸けの恋」の決意

時間を見つけては、恋人の亡き夫のお墓の手入れまでするほど精力的だった新ヘルムートさんですが、別れは突然やってきます。カップルになって1年が経とうとしていた夏に、彼は亡くなってしまったのです。91歳で、原因は手術の麻酔でした。

新ヘルムートさんは「手術をしなければ今後の生活の質が悪くなる。だが、高齢者だから、麻酔を含めて手術もリスクです」と予め説明を受けていたといいます。

「たった1年の恋愛だったの。でもね、二人はとても幸せそうだった。新ヘルムートさんがリスクを知りながら手術に挑んだのも、自分が寝たきりになっては、母の役に立てないと思ったからなの。手術前に『僕はもっと生きて君の力になりたい』と母に言っていたんだって。新ヘルムートさんは戦後にシレジアから追放された苦労人だった。短かったけど、彼にとっても母との時間は幸せだったはず」

第二次世界大戦が終わるまで、現在の主にポーランド南西部からチェコ北東部はシレジアと呼ばれ、多くのドイツ人が住んでいました。1945年の敗戦とともに追放されたドイツ人は、迫りくるソ連軍から逃れてドイツに来てからも、様々な差別に遭いました。

そんな過去をもつ新ヘルムートさんは、家庭をもち、懸命に生き、人生の最後にもう一度、恋をしたのです。リスクの高い手術を受けるという「命懸けの恋」でした。

高齢者の恋愛は「みっともなくて恥ずかしい」のか？

「歳を取ってからの恋愛のいいところは、『神色自若としている』（"Über den Dingen stehen"）ということ。つまりいろんな経験をしているから、なんだか『超越』しているのよね。嫉妬もセックスもなさそうだったし。そもそも男性は歳を取ると女性っぽくなると思うの。亡くなった父も、昔は泣いたりしなかったのに、クリスマスの時、家族みんなに会えたことに感激して泣き出したことがあった。歳老いてからの恋愛もいいものよね」

カトリンさんはこう言います。ドイツ人に「親の恋愛」について聞くと、肯定的な意見の人が多い印象です。

「好きな人ができていいんじゃない？（恋している親は）かわいいし」

このあたりの感覚は、日本人と違うなあと感じます。もちろん日本にも親の恋愛を応援する人はいますが、「親のそういう部分は見たくない」といった意見もよく聞くのです。

「そういう部分」とは、性的なことも含めて「恋愛をしている親の姿」を指します。既に成人している子どもでも親のことを「あくまでも親」というまなざしで見ている日本に対し、ドイツの場合、成人した子どもは親のことを「一人の人間」として見ている気がします。**人間だからいろんな欲望があるだろうし、それに正直に生きることが自然だという考え**が浸透している気がするのです。

また、日本は「年齢にこだわる社会」ということも関係している気がします。「いい歳をした大人が」という言い回しがあるように、どの年代においても「年齢にふさわしい」ふるまいが求められるところがあります。「高齢者の恋愛」、特にそれが「親」である場合、「ふさわしくないこと」「本来あってはならないこと」とうつるようなのです。

「80代の男性がストーカー化した」などと報じられることもあり、こういった事例も「高齢者が恋愛をすると厄介なことになりがちだ」というイメージに拍車をかけているのかもしれません。プレジデントオンラインの「狂おしく燃え上がる老人ホーム恋愛の末路」という記事のなかで、ケアマネージャーさんがこう話しています。

「私が見てきた高齢者の恋愛で、ハッピーエンドで終わったケースは残念ながらほとんどありません。人生の最後で見つけた相手という思いがあるのか、執着が強いからです。どちらかが執着心に駆られるとふたりの間に温度差が生じトラブルに発展する。ストーカーのような異常行動に走る人もいます」

ただ……考えてみれば、ストーカー事件は高齢者に限ったことではありません。20代にもストーカーはいますし、中年のストーカーだっているのですから、高齢者のストーカーがいるのは「当たり前」ではないでしょうか。つまりどの年代にも問題行動をする人はいるわけです。

ところが私たちは無意識のうちに、高齢になると、恋愛や執着とは無縁のはず、いや、そうであってほしい、と思っているところがあるため**「高齢者なのにストーカー」と思ってしまい、事実が受け入れられない**のかもしれません。

ちなみにドイツの高齢者にも、この手の問題がないわけではありません。しかし、だからといって「高齢者に恋愛はやめてもらいましょう」という動きはありません。

ある程度の注意は必要ですが、子ども世代が「自分の気持ち」を優先して、親の「人間としてのそういう部分」までやめさせる権利は果たしてあるのか……？　と思います。

気取らず生きるコツ

- ✦恋愛が生活にハリをもたらすこともある
- ✦親は親である前に「一人の人間」だと認める
- ✦年齢を重ねても、恋愛は個人の自由

第2章

ドイツ人は飾らずケチる

10 ドイツ人は「無料クーポン券」を手に走る

元気の秘訣は「ケチケチ活動」？

「僕が10歳ぐらいの頃、おばあちゃんは夜になると毎日のように、卓上カレンダーに何かを書き込んでいてね。ある時ふと見たら、そこには『今日もお金を使わなかった』と書かれていたんだ。それでよく見ると、何日か連続で『今日もお金を使わなかった』と書いてある！　それにしても、あの時のおばあちゃんは本当に満足そうな顔をしていたなあ」

あるドイツ人男性は笑いながら、「祖母の節約」について話してくれました。なんだかほのぼのしてしまう話ですが、ドイツ人の節約はとにかく筋金入りなのです。

「半額だから！」と1リットルのビールを飲み干す86歳

ミュンヘンに住む60代のエフィ（Evi）さんから、「高齢のいとこの節約」について聞きました。

「予め言っておくと、いとこはお金には全く困っていないの。ドイツのなかでも裕福と言われているミュンヘンでも、かなり裕福なほうだと思うわ。高級住宅地に大きな持ち家もある。ところがいとこは昔からそれは徹底した節約ぶりなの。常識を逸脱した節約をするものだから、彼女と親戚付き合いをするのは本当に大変なのよ！」

86歳になるこのいとことエフィさんは、毎年秋に地元ミュンヘンのオクトーバーフェスト(Oktoberfest)に一緒に行くことが慣例となっているのだとか。

1810年から続くオクトーバーフェストは世界最大のお祭りで、戦争やパンデミックの時期を除けば毎年開催されてきました。ミュンヘンでは9月中旬から10月上旬にかけて約2週間、ドイツのビール会社各社が出店し、ビアツェルト(Bierzelt)〔註：テント式ビアホール〕のなかでお酒や食事が楽しめます。会場には観覧車やジェットコースターなどもあります。

「毎年、いとこからお誘いの電話があってね。それはとても嬉しいのだけれど……」

いとこはかつて大手ビール会社に勤めていました。だから引退した今もオクトーバーフェストで使えるクーポン券が送られてきます。

「いとこが調べた結果、一番多くの割引があるのは『火曜日の15時まで』らしくて、そのタイミングで行くことにこだわるの。私は毎年休みを取って彼女に付き合っているのよ！」

エフィさんは自分に呆れたように笑います。

「まあ、子どもの頃からの付き合いだし、一年に一度だからいいかなと思って、火曜日のお昼にオクトーバーフェストに行くでしょ。でも、とにかく『せわしない』のよね。『テントAはプレッツェルがタダ』『テントBは鶏の半身焼きが半額』『テントCはビールが半額』とクーポンに書いてあるから、いとこに急かされながら大急ぎでお得なテントを全部まわらなくっちゃいけないの。普通のオクトーバーフェストはね、テントに座って、ゆったりビールを楽しむものなのに、彼女の『お金を使いたくない』モードに付き合わされて、もう忙しいったらありゃしない。

極めつけはね、『プレッツェルがタダ』でも、ほかの物も食べたいでしょ？　でもいとこは、定額の物は絶対に買わないの。毎年、テントAでタダのプレッツェルをもらって、前のベンチで『家から持参してきたチーズとソーセージ』と一緒に食べるの。

その後は『鶏の半身焼きが半額のテント』に急ぐんだけど、クーポンは一人分だからね。私が『自分の分を買いに行くわ』と席を立とうとすると、すごい勢いで引き留めるのよ。『いいじゃない、いいじゃない。私のを半分食べればいいじゃないの？』って。広い一軒家に住んでいる人が、なぜそこまでタダや半額にこだわるのか……」

世代的な要素が大きいかも、と言いつつ、エフィさんは話を続けます。

「やっぱりタフなのよね。最後は決まって、『1リットルのビールが半額になるテント』に行くんだけど、86歳が普通の顔をして全部飲んじゃうんだから、びっくりしちゃうわよ。体質的にお酒が強いっていうのもあると思うけど、とにかく『**せっかく半額なのに、食べない・飲まないのは許せない！**』という気持ちが強いみたいなの。でも、もしかしたらあれが生きがいかもしれないし、元気の秘訣なのかもしれない。そう考えると、徹底した節約ぶりも、ヘタにやめさせないほうがいいかもしれないわね」

数年前の9月上旬のある日、いとこからエフィさんに電話があったといいます。興奮した様子なので何事かと思って聞いてみれば、「クーポン券が送られてきていないのよ！　毎年この時期には届いているのに！」と立腹していました。エフィさんが「いいじゃない。クーポンなしでもオクトーバーフェストに行きましょうよ」となだめるも、「絶対に嫌だ！　クーポン券が届かなければ絶対に行かない！」と頑なだったのだとか。

節約のため「家族連れ」はお断り？

「いとこの夫がまだ健在で二人とも年金生活に入ったばかりの頃、もともとは技術職だった夫が『鉄道模型を買いたい』と言ったら、いとこは『お金がかかるから、絶対に買ってはダメ！』と許さなかったのよ。結局、いとこの夫は買えないまま亡くなってしまった。裕福なんだし、家が広いんだから、部屋に飾ればいいと思うんだけどねえ。

いとこは私を家に招待してくれるのだけれど、『むき出し』の物は何もないの。椅子やソファにはカバーがかかっているし、テーブルにはテーブルクロス、フローリングも『傷がつかないように』と絨毯が敷き詰めてある。ドイツでは家族ぐるみの付き合いをすることも多くて、割とみんな気軽に『パートナーも連れてきて』とか『子どもも連れてきて』と言うのに、いとこは絶対に言わないどころか、電話で必ず念を押すのよ。『あなた、誰も連れてこないわよね？』って。小さい子どもが来たりすると汚される可能性があるし、子どもが好きな飲み物やらお菓子やら出さなきゃいけないからね。それが15年ぐらい前かな、『一人だったら連れてきてもいいわ』って言ってくれたことがあったんだけど、うちは子ども二人なのよ！　さすがにその時は招待を断らせてもらったわ」

度を超した「こだわり」と「節約」は、やっぱり良好な人間関係を築く上でネックになるようです。

「タダだから」3週間ヨーグルトで過ごす

エフィさんのいとこの話は特殊ではありません。別のドイツ人女性は、知人の銀婚式が行われたレストランで、「ケータリングの食べ物を袋に入れて持ち帰る人」を数名、目撃したとのことです。食べきれなかった料理を店員さんに包んでもらって持ち帰る人はたまに見かけるものの、私の印象だとそれほど多くはありません。特にお祝いの会では、あまりやらないことだと思います。彼女は笑いをこらえて言います。

「知り合いの男性もね、近所の乳製品工場（Molkerei）を手伝った関係で、ヨーグルトを大量にもらった後、3週間、ヨーグルトしか食べなかったの。理由は『タダだから』。全然お金に困っている人ではないんだけどね」

このヨーグルトの件のように、毎日の行動パターンが「タダだから」「安いから」が基準となってしまうと、これはもう節約というよりも「宗教」……いえ、「突き詰めた趣味」かもしれません。

11 ドイツ人は、いつでもどこでも節約する

森でも海でも節約を貫く

「お天気がよくて見晴らしがいい日には、近所の高い建物からフランスが見えたわ」

そう話すのは、ドイツのザールラントで育った女性です。フランスとの国境から4キロも離れておらず、ルクセンブルクも近い街です。

ルクセンブルクは税金が安かったため、昔から「給油するならルクセンブルクで」というのが一家の「常識」であり、ルールだったとのこと。ドライブもかねてルクセンブルクに行っては、車のガソリンを満タンにしてまた帰ってくる……。

そういえば私の父親は、一時期スイスで仕事をしていて単身赴任でした。当時「ドイツの炭酸水のほうが安い」ということで、定期的に「水を買いに国境越え」をしていました。ドイツで数ヵ月分、何十本も水をまとめ買いして車に詰め込み、スイスで飲み切った後、空っぽの瓶をこれまた車に積んでドイツまで運ぶわけです。理由はもちろん、店に空き瓶を返すと、瓶代

が戻ってくるからです。

「ガソリン代を考えたら、瓶代なんか全部ふっとんじゃうのに、全くわりに合わない話よねえ。まあ趣味のようなものだから仕方ないわね」

当時、母親が呆れたように言っていたことを思い出します。

私の父親のような「ドイツのお父さん」は珍しくなく、ある女性はこう語ります。

「ドイツで暇な人はよく、街のいたるところで『空き瓶探し』をしているけど、うちの父親も年金生活になって時間ができたら、デュッセルドルフの森をよく歩くようになったわ。若い人が森で飲んだ後、瓶を持ち帰らないことがよくあるんだけど、父親は散歩がてら、放置された空き瓶を回収していたわけ。空き瓶一本につき30セントもらえるから、10本回収すれば3ユーロ。**森はきれいになるし、小遣い稼ぎになるから一石二鳥でしょ**」

街中のゴミ箱を漁るようなこととは違って、森の中を散歩しながら目についた空き瓶を回収するのは、なかなか楽しそうです。

「91歳・歩くプロイセン」の節約術

私の友人のタニア（Tanja）さんの祖父は91歳。かつてはベルリンの大学病院（Charité）のレントゲン科に勤めていました。リビングに飾られているのは、大学病院の外観を写した写真で、定年退職祝いのプレゼントだそうですが、タニアさんは首を傾げます。

「退職のお祝いに『建物だけの写真をプレゼントする』って、ちょっと謎よね……」

しかし今も目立つところに飾られているということは、祖父にとって仕事は誇りであり、生きがいであったのでしょう。

タニアさんの祖父は、東プロイセンの中心だったケーニヒスベルク（現在はロシアのカリーニングラード）で生まれ、ドイツ敗戦とともに現在のドイツ領に追放されました。祖父の父親、つまりはタニアさんの曽祖父は戦後に捕虜となり、5年もロシアの収容所で過ごしました。祖父は母親一人に育てられ、「貧しかった戦後のドイツで、馬糞を集めて食べ物と交換していた」と話してくれたこともあったそうです。

「おじいちゃんの生き方は、プロイセンそのもの」と言うタニアさん。**ドイツで「プロイセン気質」と言えば、「地に足がつき、無駄遣いをせず、コツコツと真面目に働く性質」**を指します。「おじいちゃんの節約術」について、タニアさんはコミカルに話します。

「おじいちゃんはケチ。高齢だから今後のこともあって、家族はお金のこともいろいろと知りたいところだけれど、おじいちゃんは自分の貯金額を絶対に言わないの」

タニアさんの祖父母は高齢ながら、ベルリンから車で1時間ほどの村の一軒家で二人暮らしをしています。節約のために冬も暖房を入れずに「暖炉のある部屋だけで二人で過ごす」のだそう。暖炉で燃やす薪は買ってくるのではなく、祖父が近所の森で切ってきます。自分で斧を持ち、木を切って薪にして暖炉に入れる……考えてみればすごい体力の91歳です。

「おじいちゃんの家は古くて、トイレは下水溜めのいわゆる『ぼっとん便所』なのね。本当は月に一度、業者に来てもらって、下水溜めを空にしてもらわないといけないのだけれど、その都度お金がかかるから、おじいちゃんは2ヵ月に一度しか業者を呼ばないの。だから下水溜めはいつも溢れかえっている」

すべての下水がそこに溜まるため、祖父はトウモロコシを茹でると、2リットルほどの湯を窓から捨てるそうです。少しでも長く業者を呼ばずにすませるために、絶対に茹で汁をシンクに流さない……おじいちゃん、なかなか徹底しています。

「でもちょっと困った話もあるの。ドイツではクリスマスの時期になると、荷物を家まで持ってきてくれる郵便局の人にチップを渡す習慣があるでしょ。とても素敵な習慣だと思うのだけれど、ある年、おじいちゃんは郵便が値上げしたことに腹を立てていて、なんとチップをあげなかったのよ。『おじいちゃん、郵便の値上げは家に荷物を持ってきてくれる人のせいではないよ！』と説明したんだけど」

ドイツはキリスト教の影響が強く、クリスマスの時期にはいろんな人を労ってチップを渡すため、財布の紐も緩くなりがちですが、どうやらそれはタニアさんの祖父には当てはまらないようです。

そういえば私は10代の頃、クリスマスのシーズンにミュンヘンの地元紙を配達するアルバイトをしたことがありますが、バイト代よりもチップが多くて非常にありがたかったことを覚えています。

ただし、コロナ禍でオンラインショッピングが増え、自宅に物を届けてもらうことがいわば「当たり前」となったため、最近はアマゾンの配達員にチップを渡さない人も増えたのだそうです。コロナ後のクリスマスに、タニアさんがアマゾンの配達員にチップを渡したところ、その人は感激のあまり泣いてしまったといいます。それぐらいドイツでも「チップを渡すこと」は少なくなっているのです。

新聞も「もったいないから」8人で回し読み

財布の紐が緩むのはバカンス中も同じですが、その際もドイツ人は「趣味のような節約」をやめません。ある女性の話には、大いに笑わせてもらいました。

「スペインの南の島やクロアチアなど、ドイツ人観光客が多いエリアでは、『ビルト』（Bild-Zeitung）〔註：ドイツのタブロイド新聞〕が売られているの。先日、私はブルガリア旅行をして現地のビーチに遊びに行ったんだけど、そこにドイツ人のカップルが沢山いたのね。私が寝ころんでいた隣には4組のカップルの計8人がいたの。その人たち、現地で買った『ビルト』を『8人で回し読み』してたの。『おい、読み終わったら、早くこっちに寄こせ』とか言っているのを聞いてびっくりしたわ。遠出をして優雅にバカンスを楽しんでいるのだから、『ビルト』ぐらい人数分買えばいいのにねえ」

「ドイツ語圏の人」は金銭面でシビア

「節約、特に水や電気の節約に、ドイツの古い世代は本当にシビア。それは『実際にお金がかかっているかどうか』という現実的なことよりも『信念』に近いものじゃないかな」

こう語るのは、50代のドイツ人男性です。彼はオフィスをケルン市内に借りていますが、この大家さん（80代）の節約に関する徹底ぶりもなかなかのものだといいます。

「大家さんはたまにオフィスに顔を出すので、『コーヒーでもいかがですか？』と勧めると、3回に1回は『いいえ。今ここで座ってしまうと、車の駐車料金が追加で1・50ユーロかかってしまうから、ここで失礼します』と断られます。逆にたまたま時間の区切りが良くて追加料金がかからない時間帯だと、喜んでコーヒーを飲んでいくんですよ。不動産をたくさん持っていて、生活に困ってもいないのに」

これを聞いて私は、現在は70代であろう知人のドイツ人女性（正確な年齢は教えてもらったことがありません……）の、「人と会う時は自分の定期券が使える場所に限る」という徹底ぶりを思い出しました。

さらに思い出したのは、かつて日本に住んでいたスイス人のお偉いさんのこと。

「このあいだ○○さん（スイス人のお偉いさん）の家に遊びに行ったら、すごく寒かった。あんなにお金に困っていない人が駐在で来ている日本で暖房費を節約するんだ！」

共通の知人は口をそろえてこう言っていました。

この方はスイスのドイツ語圏の人でしたが、ドイツもスイスもオーストリアもリヒテンシュタインも……ドイツ語圏の人には「金銭面でシビアな人」が多い気がします。

「節約」はドイツ語圏についてまわる文化なのかもしれません。

12 ドイツ人は「食のミニマリスト」を極める

毎日「温かな食事」にこだわらなくていい

ドイツでは、高齢の家族が味わってきた壮絶な体験が家庭内で語り継がれるため、若い人でも当たり前のように節約をする傾向があります。日本駐在中のドイツ人のテレサ（Theresa）さんは、第二次世界大戦後の飢餓を経験している義父のことを話してくれました。

「夫の父親は、今でもときどき言うのよ。戦後の冬の寒さが辛かった。シュテックリューベン（Steckrüben）〔註：英語名はルタバガ（Rutabaga）。日本語では西洋カブ〕が入ったやたらと水分が多い鍋を食べて、肉が全く入っていなくて……ってね」

仕事で成功して裕福になった義父ですが、過酷な経験から節約が染みついていたのでしょう。テレサさんの夫は質素な食事で育ちました。でもテレサさんは言います。

「その反動で、夫は『人生の質はおいしい食事に比例している』という考え方なの。夫はおいしいものにはどんどんお金を使うタイプ」

節約は先祖代々受け継ぐもの？

テレサさん自身、食費も含めて節約をする家庭で育ったそうです。買い物に行く直前に冷蔵庫と冷凍庫に何があるのかを細かく把握し、衝動買いをしないよう常に『買い物リスト』を持参。安くなっている食材があればそれを大量に買い、冷凍する。冷凍しない物を多めに買う時は、無駄にならないように必ず賞味期限が長めの物を購入する。特に肉は安い物があると大量買いをし、すべて冷凍する……。

そんな親を見て育ったテレサさんは、たまに「うっかり」何かを買い忘れ、近所のガソリンスタンドで買わなければいけない時〔註：ドイツではガソリンスタンドがコンビニ代わりになっている〕は、「割高になった！」と、悔しくなるそうです。ドイツのスーパーなどは、日曜日はお休みなのです。

「子どもの頃、家族の食事は『肉は週に1回、日曜日だけ』と決まっていたの。他の日は野菜が多くて、結果として健康的な食生活だったかもね。日曜日に豚肉のルラーデ（Roulade）〔註：薄い豚肉でタマネギ、ピクルスやキノコなどの野菜を巻いて焼き上げた後に煮込むミートローフに似た食べ物。牛肉の物もある〕が出ると、本当に嬉しかったな」

「カルテス　エッセン」でも同じメニューでもいい

ドイツ人は総じて日本人よりも衝動買いが少ない印象です。これだけ節約のことを考えていれば当たり前かもしれませんが、日々の生活に必要な物は何か、「いつ・どこで・いくら」お金を使うかを細かく計画する人が多くいます。さらにラッキー（？）なことに、ドイツには日本の一部で見られるような「趣味はショッピング」という「消費の文化」はないので、節約するにはもってこいの環境なのです。

あるドイツ人女性は、祖父母の買い物について話してくれました。

「うちの祖父母は二人でよく買い物に行くんだけど、おばあちゃんは遊びにくる孫のために、これも買ってあれも買って……と商品をポンポンかごに入れる。そうすると節約家のおじいちゃんが取り出して商品棚に戻すの。この繰り返しがお約束の光景ね」

祖父の節約術は**「衝動買いはせず、基本的にいつも同じ物を買う」**ことで、ちなみにそれは、孫娘にも受け継がれています。

「同じスーパーマーケットでいつも同じ物を買っているから、値上げがあるとすぐにわかるでしょ。買うのはハム、チーズ、パンやヨーグルト、果物や野菜ね」

日本では「節約レシピ」がよく紹介されていますが、ドイツ人に「ドイツ流の節約レシピは？」と聞くと、反応が悪いことが多いのです。その理由はおそらく、食のバリエーションにあまりこだわらないからでしょう。

ドイツの伝統的な食事は、朝と夜はそもそも温めることをせず、「カルテス エッセン」(Kaltes Essen)〔註：冷たい食事〕が普通です。チーズボードなどに、ハム、チーズ、パンやちょっとした野菜を載せただけの簡素な食事です。

「カルテス エッセン」は昔の習慣ですが、今もなお「冷たい食事もOK」「毎日同じ物を食べても特に気にならない」と語るドイツ人は、世代を問わず多くいます。

スティーブ・ジョブズはいつも黒いタートルネックにジーンズを着ていましたし、日本では、「決まった服だけを制服のように着る」というミニマリストがいます。ドイツの「カルテス エッセン」は、その食事版といったところです。

日本では「食」にこだわる人が多く、食生活の「バリエーション」を意識して、「毎日ちゃんと料理をして温かい物を食べる」と考える人が多い印象です。

好みは人それぞれですし、料理好きなら毎日すればいいと思うのですが、もし「食事のことを考える」ことが億劫になってきたら……ぜひドイツ流を試してみてください。「カルテス エッセン」は節約になるうえに、毎日料理をがんばるプレッシャーから解放される工夫です。

13 ドイツ人は「光熱費」にこだわる
エコと節約は国民性？

ドイツ人が節約家だというイメージは、あながち間違っていないことは、ここまで読んでおわかりでしょう。「○○人はこう」という場合、最終的には「人による」というのが正解ですが、そうはいっても国柄による「傾向」があることは否めません。

その意味でドイツ人は、日常生活の人付き合いや食事に日本人ほどお金をかけません。若い人もそうですし、高齢者となると、節約は「生活そのもの」だったりします。そして、生活を支える光熱費となると……もはや国民に染みついた節約傾向があります。

2022年2月に始まったロシアによるウクライナへの侵攻のあと、「エネルギーの節約」にさらに拍車がかかりました。大半をロシアからの輸入に依存していたガス料金が爆上がりしており、必然的にエネルギーの節約に敏感になったのです。ドイツの冬の寒さは厳しいのですが、現在は「冬の暖房を果たして23度に設定する必要はあるのか？　20度や18度でもいけるのではないか?」と議論されているぐらいです。

母親が「シャワー中の息子を覗く」理由

ケルン在住の51歳の男性の両親はともに80代ですが、特に母親に「良く言えば節約家、悪く言えばケチ」の傾向が見られるのだと言います。

「僕は母親に『節約』を叩きこまれた気がします。子どもだった頃、家でシャワーを浴びていると、決まって母親が浴室に乱入してくるんですよ。『そんなに長い時間シャワーを浴びる必要が本当にあるの?』と確認しにくるんです」

知人のドイツ人女性も、「子ども時代のシャワー話」を教えてくれました。

「夏場は家のシャワーは使用禁止。庭用ホースで済ませるというルールがあったの」

当然お湯は出ませんがおかまいなしで、その光景を想像すると、なんだか笑ってしまいます。テーマが「節約」となると大真面目にやってしまうのがドイツ人なのです。

「実家のバスルームのドアには『黄色い看板』が貼ってあった」と語る女性もいます。看板に書いてあったのは「電気を節約すること! 水も節約すること!」(“Sparen Sie Licht! Sparen

Sie Wasser!”）。まさかの「家の中の注意書き」です。

「私も妹も髪が長かったので、洗うのは時間がかかったの。親がすぐに『もったいないからシャワーを止めなさい』と注意しにきたのよ！　逆にスポーツジムやプールに行ってシャワーを済ませてくると、親は『お湯の節約になった』とゴキゲンだった」

「水を節約する」（Wasser sparen）ことが大事だと教育されているのがドイツ人であり、世代的に言うと、60代以上の人が「水や電気の節約」に厳しい印象です。若い世代も「シャワーの流しっぱなしはありえない」そうで、日本人の夫をもつ30代のドイツ人女性は、「彼と一緒に暮らし始めた頃、シャワーを止めずに体を洗っているのを見て驚いた」と話してくれました。

「お風呂と洗濯」は毎日でなくてもいい

「毎日お風呂に入ること」を疑問に思う日本人はほぼいませんが、ドイツ人に「毎日お風呂に入る」と話すと、かなり高い確率で「でも、水がもったいなくない？」という話になります。

最近はシャワーを使う人が増えていますが、一昔前は「身体を清潔に保つには洗面台があれば充分。ヴァッシュラッペン（Waschlappen）〔註：中に手を入れられる、木綿のザラザラしたタオル〕に水と石鹸をつけて体を洗えばいい」と考えられていました。

ドイツ語には「洗濯日」（Waschtag）という単語があるほど、かつては「決まった日に洗濯をする」スタイルでした。今もその名残はあって、日本のようにほぼ毎日、洗濯機を回すということは基本的にしません。

高齢者になると、「洗濯機を回すのは月曜日」などと決めて、習慣化している人もいます。「外干し」はせず、ドラム式洗濯機で乾燥までするのが一般的ですが、「節約のために乾燥は半分にして、残りは部屋に干す」と話す人もいます。真夏でない限り、毎日ではなく「自分で決めた日」にすると節約になるので、検討してもいいのではないでしょうか。

「その電気、本当に必要なの？」

光熱費の節約について、私にも思い出があります。子どもの頃、私はミュンヘンの集合住宅に住んでいました。ある日の夕方、上のフロアにある家に帰ろうとした時のこと。1階のエレベーターのスイッチを押し、その横にある「廊下の電気のスイッチ」を押したまさにその瞬間、奥の部屋のドアがバッと開き、中から怒号が。1階奥に住んでいた、小学生の息子がいる3人家族の奥さんでした。

「その電気、本当に必要なの!?」（“Braucht man da ein Licht!?”）

それ以来、夕方に帰ってきて、集合住宅の共有部分の暗い廊下を明るくしようと電気のスイッチを入れると……決まって奥の部屋のドアがバッと開き、“Braucht man da ein Licht!?”と毎回お決まりの怒号を浴びせられるのでした。なんといっても、そのタイミングに驚かされました。友達と一緒におばさんのことを「あの人、きっと一日中、家のドアの前に張りついて待ってるよねー」なんて言っては笑っていました。

当時の私は怒鳴られたのが悔しくて、「絶対におばさんの言うことは聞かない」と心に決めたひねくれた小学生でした。今になって考えてみると、確かに廊下は暗いまま（つまり電気はつけない）でもよかった気がしますし、「エネルギー節約」の重要性は、大人になった今のほうが理解できます。同時に大人になったからこそ、「いくら節電が大事だからといって、大人が小学生を怒鳴りつける行為は褒められたものではない」とも強く思うのです。昔の一部のドイツ人が「子どもよりも節約」という考えだったのは確かです。

節約も贅沢も「習慣」にする

「うちの母は90代だけど、重ね着というか厚着をして暖房を入れないことも多いの。暖房を入れる時は自分が過ごす一部屋だけ。『実際に使っている部屋』しか灯りもつけないから、廊下はいつも真っ暗。節約もいいのだけれど暗闇で転ばないか心配なのよ」

親世代があまりに光熱費の節約をすることで、気を揉《も》む現役世代もいます。この、暖房すらケチるという母親の贅沢は、「週に2回、カフェに行くこと」だそうです。1回はアイスが食べられるアイスカフェ（Eiscafé）に行き、もう1回は別の行きつけのカフェに行くのだとか。

「母はね、普段はパンだけで済ませたりと食生活は質素なのに、家族が集まる時には喜々として財布を出して、近所のイタリア料理店や中華料理店で食事をおごってくれるのよ」

この話を聞いて、この母親にとっては、「光熱費の節約」も「たまの楽しみ」も、習慣になっているのだなあと思いました。習慣化すればどちらも「行きすぎる」ことがなくなりますし、生活にメリハリができて元気になれる気もするのです。

飾らずケチるコツ

- ✦掃除は節約に通じる
- ✦節約はエコに通じる
- ✦毎日同じ物を食べてもいい

✦好きなことにはお金をかけていい

✦広告や評判につられて買わない

✦3つの購入基準で考える

〔1〕自分たちの暮らしに合っているか？

〔2〕他人のマネでなく本当に必要で意義があるものか？

〔3〕それを手に入れることで生活が機能的になるか？

第3章

ドイツ人は悩まず片付ける

14 ドイツ人は「断捨離」しない
物を捨てる以前に物を買わない

ドイツ人の家を訪れた日本人から「何故あんなに片付いているのですか?」と聞かれることがあります。確かに私がお邪魔するドイツ人の家も、モデルルームみたいにきれいで、日本のように「人をもてなす応接間やリビングだけをきれいにして、残りの部屋は物であふれている」という家は滅多にありません。

これにはドイツと日本の「住宅事情」も関係しています。ドイツの住宅は平均して日本よりも広めです。さらに一軒家には地下室(ケラー Keller)があるので、「普段使わない物を目につくスペースに置かなくて済む」という点は大きいと思います。集合住宅の場合も、全体の地下室に、日本で言うトランクルームのスペースが設けられています。

さらにドイツでは「人を家にあげ、〝お家ツアー〟をする文化」があります。来客に「これが書斎で、これが子ども部屋で、これが寝室で」と部屋を一つずつ案内するのが礼儀であり、昔からの習慣なのです。したがって必然的に「きれいな家」が保たれるというわけです。

プレゼントは「消え物以外、お断り」

「80代のうちの母は『スッキリした生活』に関するこだわりが徹底しているわよ」

そう教えてくれたのは50代のドイツ人女性で、彼女の母親は子どもや孫たちに「消え物以外のプレゼントを禁止している」のだとか。プラリネ（チョコレート菓子）やお花などをあげると喜ぶそうですが、それ以外は基本的に「物が増えるから」という理由で却下。消え物以外で喜ばれる唯一の例外は「孫の写真」とのことです。

「母は昔からとても現実的で、地に足がついた人。いわゆるセンチメンタルな感情とは無縁で、物を捨てる時も悩まずにサッと決断するから、高齢者には珍しいタイプかもしれない。母が亡くなったとしても、物が少ないので片付けには苦労しないと思うわ」

ドイツ人は誕生日やクリスマスにプレゼント交換をしますが、最近はこれもどんどんシンプルになっています。商品券だったり、その人が好きそうなテーマの本を選び、ラッピングはリボンだけということも。日々の生活の中で「環境保護」という意識が常に頭の中にある人も多く、「包装なしでリボンだけ」がデフォルトになりつつあります。また最近は、現金をプレゼントすることもタブーではなくなりつつあります。ドイツのデパートや文房具店では現金を入れるための可愛いカード（ゲルトゲシェンクカルテ Geldgeschenkkarte）を見かけるようになりました。

ちなみにドイツには日本のような「旅先から職場の仲間や友達にお土産を買ってくる」という習慣もありません。もらうだけで使わない、いわゆる「ばらまき土産」のやり取りもないので、ますます家がスッキリしているのかもしれません。

日本にいると紙が増える？

ドイツではかつて、メモなどをファイルせずにそのままにしておくことはツェッテルヴィルトシャフト（Zettelwirtschaft）と言われ、揶揄《やゆ》と軽蔑の対象でした。ツェッテル（Zettel）とはメモなどを書いた紙キレのことであり、紙キレが机や部屋に置かれたままでどんどん増えていくカオスな有り様を指します。昔のドイツでは、女性は花嫁修業も兼ねて家政学を学ぶことが多かったのですが、そこでも「ファイルできない紙キレは即ゴミ箱へ」と教育されていたほどです。

「日本にいると箱とか紙がとにかく増える！」

こう言って笑うのは、かつて日本に住んでいた私の友人、30代のダグマール（Dagmar）さんです。

「ちょっと買い物に行くとビニールや紙袋に入れるでしょ。お土産やプレゼントを買うと、ものすごい紙を持ち帰ることになる」

最近は改善されてきたものの、確かに日本はまだまだ過剰包装が多いと私も感じます。物が捨てられない「もったいない精神」が少しでもあると……家の中に紙袋やら箱やらが増えていくことになります。

現在はドイツに住み、日本語からドイツ語への翻訳の仕事をしているダグマールさんは、「何日までに返送してください」という書類が出版社から届くと、送られてきた封筒の住所の部分だけ貼り替えて、同じ封筒で返送をするのだそうです。

「サイズもぴったりだし、新しい封筒を買う必要もないし、合理的でしょ。メモ用紙には裏紙を使い、かわいい包装紙は取っておいて、また何かの時に使うようにしているの」

物を捨てる「断捨離」を考える前に、まず物を買わない、増やさない。これが節約好きなドイツ人の「片付けの基本」と言えそうです。

15 ドイツ人はIKEAを買わない
世代を超えて物を受け継ぐ「究極の節約」

ダグマールさんの祖父は90代。「セーターがほつれたりしても、おじいちゃんは何でも器用に自分でなおしちゃうの。服はほとんど買わない」とのことです。

片付けと節約を徹底している祖父は、孫のダグマールさんに娘が生まれた時も、新たに「お祝いの品」を買ったりはしませんでした。なんと、自分の金の指輪を溶かし、「曽孫《ひまご》のために」と、ハート形のネックレスを自ら作って贈ってくれたそうです。

金を溶かすには技術も必要で、なかなか真似はできませんが、ここまで徹底していると「お見事！」と言いたくなります。節約家のドイツ人は「無闇に物を捨てずに、いい物を親から子に大切に受け継いでいく」というポジティブな例も多いのです。

思い出込みの〝遺産〟を受け継ぐ

第1章で紹介した、アコーディオン奏者でカメラマンのホルガーさんは、両親が健在の時に「実家の片付け」について何か言うことはありませんでした。でも、数年前に父親が死亡し、親の物を処分しなくてはならない時が来ました。

日本在住のホルガーさんは、妻とともにドイツへ。ゆっくり片付けているわけにもいかないのでいとこ夫婦の手も借り、「きっかり1ヵ月」と期限を決めて家の片付けに取り掛かりました。幸い、父親は書類をきれいにファイルにまとめ、大事な書類は別に金庫に保管していたため、量は多かったものの整理がしやすかったとのこと。片付けの間の4週間はまるで仕事のように、朝7時半にみんなで朝ごはん、8時半から片付けを始め、ランチ以外はずっと夜まで作業を続ける、という生活だったといいます。

ホルガーさんは「何でも捨ててしまえばいい」と考えるタイプではありません。

「物は大事です。特に親とのつながりのある物は日本に持って帰りました」

かつて家族で使っていた食器の一部はホルガーさんが日本に持ち帰り、一部は一緒に片付けをしてくれたいとこや家族、親戚へ。ホルガーさんが譲り受けてよかったと感じている物の一つが「母親の手書きの料理レシピ」。母親はドイツのヌスクーヘン（Nusskuchen）〔註：クルミなどナッツを入れたケーキ〕やグーラッシュ（Gulasch）〔註：牛肉とパプリカや玉ネギを煮込んだシチュー。トマトペーストやクミンパウダーを使う。牛肉ではなく豚肉や鶏肉のものもある〕などの詳細な手書きレシピを残しており、ホルガーさんは日本でもたまに思い出の味を再現するそうです。

故人が大事にしていた物を死亡後に家族が引き継ぐのが自然だと考えるドイツ人は多く、「まだ元気な高齢者に物を捨てさせなくてもいいし、亡くなったら受け継げるものは受け継ぐ」と話してくれた女性もいます。

「ひいおばあちゃんが亡くなった時、残した大量のお皿を家族みんなで分け合ったの。私も好きなお皿をもらって今も使っている」

彼女は子どもの頃、曽祖母が家に飾っていた天使の形の可愛らしい置物が大好きで、遊びに行くたびに眺めていたと話してくれました。曽祖母のお皿を使うたび、子ども時代の思い出も蘇るというのですから、なんとも豊かな〝遺産〟です。

30歳でそろえた家具を90歳まで使う

日本の片付けは「捨てる」ことと直結しがちですが、ドイツの場合、質の良い家具だったり、思い入れのある物の場合、捨てずに子が「引き継ぐ」のはごく自然なことです。

詳しくは第5章で触れますが、私の友人で日本在住のユリア（Julia）さんは、父親を飛行機事故で亡くしました。父と母は離婚していますが良い関係で、父親はデュッセルドルフで一人暮らしを楽しんでいました。そこに訪れた突然の死です。悲しみに暮れる中、残された家族は、父親の家を片付けなければなりませんでした。

「父のマンションは持ち家だから、二人の姉と母と私とで、焦らずに『ゆっくり』片付けることができて、まだよかった。でも、これがもし賃貸マンションだったことを想像すると……また頭が痛くなってくる。賃貸だと短期間で片付けないといけないし、そうしなかったら何ヵ月も家賃を払い続けることになる。想像するだけでゾッとするわ。変な言い方だけれど、悲しみの中でも時間的な余裕をもって、父親の遺品を整理したり処分したりできたのは本当にラッキーだった」

ドイツに住むお姉さんの一人は、父親のウォール・キャビネットが気に入りました。それでも現実的なドイツ人らしく、いったん自分の家に帰って部屋の壁の長さをメジャーで測り、問題ないと確認してから移送して、今も大切に使っているのだとか。

日本在住のユリアさんは、大きな家具などをもらうことは現実的ではありませんでした。それでも写真や父親が趣味で描いていた絵など、「父親」を感じることができる物を持ち帰り、今も自宅に飾っています。たとえばかつて父親が絵を描いた自作のカレンダー。現在の曜日と日付とは違うので、カレンダーとしての実用性はないものの、父親を身近に感じたくて、「アート作品」として飾っています。

ドイツに住む友人・知人の家を訪ねるたびにユリアさんが感じているのは、「日本よりドイツのほうが、戦後で時間が止まったままの感じの家がちょくちょくある」ということ。

「家具のテイストもそうだし、引き出しの角っことかいろんな部分の木が剝《は》がれていたり壊れていたりしてもそのまま使ってるのよね」

確かに昔のドイツ人にとっては、結婚をしたら質の良い家具を買い、その家具を死ぬ時まで使うのはごく普通のことでした。ユリアさんはこう言って笑います。

「30歳でそろえた家具を90歳まで使っている高齢者が、普通にいるの。昔の家具は丈夫に作られているから何十年も使えるけど、同じことをＩＫＥＡの家具でやろうと思ったら、無理よね」

ゴミなし・お金いらずのリサイクル

親から受け継いだ洋服などをリメイクして再利用することは節約にもつながります。それを実行しているのが50代のあるドイツ人女性です。

「私は自分の服をアレンジするのが好き。服を作り変えることもたまにあるわ」

楽しそうに話す彼女のおしゃれは、「持っている古い物をケア（pflegen）して、別の物と組み合わせてアレンジする」こと。クリエイティブな趣味と節約を組み合わせたファッションは、80代の母親の影響もあるようです。

母親はかつて幼い娘のために、内側に暖かい生地をつけた冬のコートを手作りすることもあったのだとか。当時は多くの女性がそうしていたように、子どもたちのためにカーディガンなども編んでくれたそうです。

「父親も手先が器用で、大工仕事は本当に上手だったの。私が成人して一人暮らしを始めた時も、父を家に呼んで家具を全部組み立ててもらったぐらい。電化製品は全くダメなんだけどね」

一家は昔からフリーマーケットが好きで、そこで買った物を自分たちで手を加えたりして長く使っていたのだそう。「古い物をアレンジしながら長く大事に使う」、ドイツ人らしいやり方です。

ドイツの街を歩いていると、明らかに新品ではない、セカンドハンドの服を着ている人をよく見かけます。建物も歴史を感じさせる古い物が多いせいか、それはそれで風景に溶け込んでいるのです。家に関しても同じで、一人暮らしの家でもアンティークな家具をよく見かけます。親元を離れる際に、親の家具を一部もらったり、親が亡くなった後に引き継いだ物を使っていたり。新しく家具を買う時も「安い物を」というよりは「長く世代を超えて使える物」を買う人が多くいます。

日本では風水の影響もあるのか「定期的に物を捨てて新しく買う」がデフォルトな気がしますが、ドイツは「長く使うこと」がデフォルトです。

「親や好きな人との思い出を、家具を通してずっと大事にする」という感覚が強いわけですが、家具を長く使えば粗大ゴミに出す必要もありませんし、何十万円もするテーブルだって、長く使えば結果的に安上がりで、合理的なプラスアルファというわけです。

16 ドイツ人に話題の「遺品整理業者」
親が生きているうちに「実家じまい」はあり？

「高齢の親の住む家をどのように片付けたらよいのか」

日本でたびたび見かける「実家じまいはどうするか」という記事の話をドイツ人にすると、ポカンとした顔をされることがよくあります。私の友人・知人の多くはこう言います。

「何も生きているうちに物を減らすとか、そんなことを考えなくてもいいじゃない。亡くなってから一気にやれば？」

ドライに聞こえますが、高齢の親が大切にしている物なのだから「捨てろ」などと子どもが言う必要はないという意見が多いのです。その時が来たら、つまり亡くなってから自分たちで片付けるか、または、業者に頼んで遺品を片付けてもらえばいい……。

「人間は生きていれば、何かに愛着を抱くし、物がある程度増えるのは仕方ない。**まだ生きている高齢の親や祖父母に『捨てろ、捨てろ』と言うのは酷なのではないか**」

トルコ人「遺品整理業者」はYouTuber

日本と同様にドイツでも高齢者が介護施設などに入居する時、家を売却することが少なくありません。「物を整理して廃棄してくれる生前整理業者」に頼むこともあるわけですが、近年ドイツのメディアで話題になっているトルコ人業者がいます。

ドイツには約300万人のトルコ系住民が住んでいます。1960年代や70年代にドイツへ来たトルコ人労働者の2世、3世として「ドイツ生まれ、ドイツ育ち」のトルコ系住民も多いのですが、40歳のアフメット・エロール（Ahmet Eroğlu）さんはトルコで知り合ったトルコ系ドイツ人と結婚をし、19歳の時にドイツに来ました。

しばらくは工事現場で働いたり引っ越し業者のアルバイトをしていたアフメットさんですが、現在はブレーメンでE&E UMZÜGEという「引っ越し兼遺品整理の会社」を経営しています。生前整理と遺品整理の需要の高さに目をつけ、起業したというわけです。

アフメットさんは日々の仕事をYouTubeチャンネル「Almanya´da bir Türk」（ドイツにいるあるトルコ人）で配信しています。トルコ語で、視聴者の多くは「トルコ在住のトルコ人」。つまりこのチャンネルは「ドイツ人がどのように老いるか」「ドイツの高齢者は、どのように人生の終わりを迎えるのか」ということに踏み込んでトルコ人に紹介しているのです。

再生回数が多い人気チャンネルにドイツのメディアも注目するようになり、シュピーゲル誌（2023年32号）もアフメットさんのビジネスと異文化交流について取り上げています。

おじいちゃん代わりは「隣のドイツ人」

アフメットさんが「ドイツの高齢者に典型的な物」として紹介しているのは、たとえばドイツの住宅によくある「壁面収納」と「アルファベット順に並べられた古いレコード」です。ドイツも日本と同様、日常的にレコードを買ったり聞いたりする人は少なくなりました。しかし高齢者はこれまた日本と同様、大切にしていたレコードをきちんと保管しているのです。トルコの視聴者は「アルファベット順にレコードを保管している！」という几帳面さに驚き、ドイツの高齢者の多くが「一人暮らしで亡くなっている」ことにも驚きを隠せない様子です。

アフメットさんのチャンネルの〝レギュラー出演者〟は、隣の家に住む80代のドイツ人ヴェルナー（Werner）さんです。成人した娘二人は結婚して他の町に住んでおり、父親のところにはあまり顔を出しません。息子にいたっては完全に疎遠のようです。

大量の遺品を細かく整理し、広大な倉庫に収納するという作業に追われているアフメットさん夫婦の横を、元気に駆け回る子どもたち。その面倒を見ているのは、おじいちゃん代わりのヴェルナーさんです。彼らは一緒にイスタンブール旅行をするほど親しくなっていて、「この歳でイスタンブールまで来られてよかった」と語るヴェルナーさんを見ていると、「遠くの親戚より近くの他人」なのだと感じさせられました。

このケースに関して言うと、「遠くの身内よりも、隣の外国人」が正しいかもしれません。ドイツ人高齢者の多くは保守的なため、ヴェルナーさんと移民のアフメットさんのような交流は珍しいのです。ドイツの高齢者は全体的に見ると自立していますが、トルコのような「大家族の結束」が強い国の人から見ると、「自分の親に対して冷たい」という印象になるようです。また、第1章で「日本人よりもヨーロッパ人のほうが親子関係が濃い」と書きました。しかしそれだけ**濃い関係だからこそ、ドイツ人は「親と価値観が合わない」と感じると、比較的ドライに親を切り捨て、自分の人生を歩む傾向があります。**

シュピーゲル誌では、トルコ在住のトルコ人の声として「トルコでは、亡くなったお父さんが使っていた爪切りを家族がずっと大切にしている。ドイツの高齢者は家族にあまり興味をもってもらえずかわいそう」という声が紹介されていました。

年齢にこだわらず、家族がそれぞれ「自分が好きなように生きる自由」があるドイツ。その一方で、「高齢になった時に大家族の一員として死ぬ」ことは近年だんだん少なくなってきています。アフメットさんはインタビューでこう話しています。

『「ドイツは裕福だからすべてがバラ色』と簡単に考えているトルコ人が多いけど、やっぱり現実も見せないと」

「遺品整理業者」というビジネスモデルが成り立つのも、ドイツや日本のような「先進国なでは」です。どちらの国も現役世代の人は忙しく、専業主婦は少なくなっています。ところが「女性が働くこと」が必ずしも歓迎されておらず、専業主婦も多いトルコのような国では、女性たちが遺品の整理をし、それを男性が家族や親戚に配るやり方が一般的のようです。

「僕がやっている遺品整理業者という仕事は、トルコではできないビジネス。なぜなら誰かが亡くなると、トルコでは親戚や友達が車でやってきて、みんなで物を運んで、それで終了してしまうから。業者の出る幕なんてないですよ」

私自身が経験した「2軒目の義実家片付け」

生前整理でも遺品整理でも、親が溜め込んでいる物は、「代々受け継ぐレシピ」や「しっかりした家具」「思い出のお皿」のような、良い物ばかりとは限りません。

私も「夫の両親のマンションの片付けに疲れ果てた」とプロローグに書きましたが、義理の両親はさらに、東京のはずれにある平屋の一軒家を別荘として使っていました。もともとは夫の祖父が定年退職後に始めた、半ば趣味のようなお蕎麦屋さん兼旅館の建物をリフォームした家です。

数年前、夫の両親が相次いで亡くなった時、夫と私はこの「長年空き家になっていた別荘」を売ることを決めました。都内とはいえ都心からはかなり遠く、また交通の便もよくないことから、なかなか買ってくれる人は見つかりません。「高く売れても500万円程度」という現実を突きつけられ、夫婦でいろいろと悩みました。

そんななかでコロナ禍となり、都内のマンションで過ごす時間が長くなりました。そこで「週末は義両親の別荘で過ごすのも良いのではないか」という選択肢が浮上したのです。

セカンドハウスにすると決めたものの、放置していた家ですから、やることはたくさんありました。マンション同様に大量の家具や服が残されていて、たとえばロシア人である義母のソ連時代の巨大なソファ。「ニッポンの木造平屋の一軒家」には似つかわしくない、これまたロシア製の巨大なシャンデリアも、居間につるされていました。義母は「シャンデリアのない家は家ではない」という独特の感覚の持ち主だったのです。

自分たちが住む以上、やはり二人の心地よさを優先したいと思い、心の中に申し訳なさを感じながらも義両親の物とはサヨナラしました。

さらに屋根から狸やハクビシンが出入りしていたらしく、オシッコの跡のあったところは壁紙を替え、業者を呼んで害獣駆除をしてもらい、数週間かけて動物を追い出しました。

「遺品整理業者」と聞くと、私は少し前まで「なぜ自分でやらないのだろうか。なぜ業者に頼む必要があるのか」と不思議に思っていました。でも様々な人の話を聞いたり自分も経験する中で、自分は本当に非現実的な考え方をしていたのだなあ、と実感することになりました。

「親やきょうだいの遺品を、できれば全部自分で整理して、処分したい」

そう思っていても、時間を作ること自体が難しいこともあります。持病があったり自分自身も若くない場合は、体力的に厳しいことも。亡くなった人が遠くに住んでいた場合、遺品整理のために行き来をするとなると、交通費などの出費も考慮しなければなりません。

亡くなった人が残した物の「量」にもよりますが、遺品整理はまさに時間との闘い、そして体力勝負です。そう考えると、たとえ「遺品整理業者に丸投げ」であったとしても非難はできない気がします。そんなことを知ったからこそ、私はいっそう、ヴェルナーさんとアフメットさんの交流を見ていると、なんだかホッとするのかもしれません。

17 ドイツ人の「価値観」は距離で変わる？

片付けで壊れたきょうだい関係

親が残した物を含め「親の死後、順調に必要な処理ができるかどうか」は、一人っ子でない場合、「きょうだいの良い関係が築けているか」「事務的な内容のことを普通に話すことができる関係なのか」がキーになるのかもしれません。

これは簡単ではありません。ドイツでは生前、親が文書に残さずに口頭だけで子どもに対して「あの宝石はあなたにあげる」と話し、死去した後に、子どもたちで喧嘩になることがあります。形見ひとつで「自分よりもきょうだいのほうが優遇されていたのではないか」と悩むことになることもあるのです。

親自身が生前、「複数の子どもに同じことを言っていた」(つまり娘たち全員に「あの宝石はあなたにあげる」と言っていた) というケースもあります。全員が両親の死後に手を取り合って物事を進められるわけではありません。

親の死後に変わった姉妹の関係

親の死亡により残された家族同士の関係が変わる場合もあります。オランダの国境に程近いドイツ西部で育ったニコル（Nicole）さんは57歳。３人姉妹の末っ子で、夫の仕事の関係でハンガリー、チュニジア、日本など様々な国に住んできました。それでもドイツにいる両親や二人の姉と、長年良い関係が築けていました。

海外にいる時もビデオ電話を通して、長姉や次姉、そして両親と密に連絡を取ってきました。互いの誕生日をお祝いするのはもちろん、多くのドイツの家庭がそうであるように、毎年クリスマスには家族全員が両親の家に集まり、数日間を過ごしました。特に長姉は面倒見がよく、必ずこの長姉がクリスマス料理を作ってくれていたそうです。

ニコルさんが夫の仕事の関係で日本に住むようになってからも、長姉とはマメに連絡を取っていました。夫が様々な国に転勤になる商社マンだったこともあり、ニコルさんはずっと専業主婦。子どももいないことから時間の融通がきき、頻繁にドイツに里帰りしては、「家族時間」を楽しんでいました。「ずっと仲良し姉妹」だったのです。

そんな状況が一変したのは、父親が２０２１年に83歳で亡くなってからです。

すぐにでも日本から駆けつけたかったニコルさんですが、当時はコロナ禍の真っ最中。実家のあるノルトホルン（Nordhorn）は人口5万5000人弱の街で、日本から直行便はありません。一番近いのはデュッセルドルフの空港ですが、便数が減っていたため、夜遅くに到着する便しかない。その晩はホテルに泊まろうにも、日本から問い合わせたところ、コロナ禍の規制で宿泊を断られてしまいました。

「ホテルがダメなら空港から実家までタクシーで来ればいいんじゃない？」と長姉は提案しましたが、やはり規制によって「タクシーが州をまたぐことはできない」ことが判明します。事情をニコルさんが伝えると、長姉はこう言ったのです。

「なんだかんだ言って、来たくないのね」

さらに運が悪いことに、ニコルさんは日本で手術を受け、主治医に飛行機移動を止められてしまいました。自分の体調、そしてコロナ禍……。

「行きたくても行けなかったのに、姉に『自己中心的』だと誤解されたことが辛かった」

ニコルさんの健康状態と未曽有のコロナ禍においての移動の難しさを理解していなかった長姉にとって、「妹は父親の葬儀に顔も出さず、（実家の）片付けにも来なかった存在」になってしまいました。

実家は妹にとって「思い出の場所」、姉にとっては「現実」

末っ子で海外生活の長かったニコルさんにとって、実家は心が安らぐ良い思い出がいっぱい詰まった場所でした。でも直感が働くニコルさんは、昔から「実家が、ある日突然なくなってしまうのではないか」という漠然とした不安を抱いていたといいます。そしてついに「ニコルさんにとっての悪夢（Alptraum）」が現実になってしまいます。

父親の死後も医療保険会社で勤務を続けていた長姉は何かと多忙で、「とにかく早く実家を手放すこと」をメインに考えていました。ニコルさんは夫と相談して、長姉に「実家を買い取る意思がある」と伝えましたが、相手にされなかったそうです。

「それで長姉は相談もなく、業者に頼んで実家を取り壊してしまったの。父が亡くなった後、数回にわたって『今後、実家がどうなっても、家族の写真は捨てないでね』と念を押していたのに、写真も含めて遺品も丸ごと全部捨ててしまった。信じられない……」

ニコルさんはいまだにその時のショックを忘れられません。姉たちから事前に「このように進めようと思う」という話があればよかったのですが、相談はなく、ニコルさんは「自分の存在を無視された」と感じたそうです。

実家にあったニコルさんの荷物は、長姉が段ボールに入れて保管してくれていました。せめてもの救いでしたが、ここでも「わだかまり」が残ってしまいます。

「長姉から『荷物の写真を送る』と連絡があったのだけれど、写真を見たら、荷物の『中身』の写真ではなくて、封をしてある段ボール箱6個の写真があっただけ。普通、中身を撮らない？　なんだか全部が事務的で、愛情があまり感じられなかったのよね」

「物理的な距離」でできてしまった「心の距離」

「父が亡くなった時、私がドイツに行けなかったことには厳しかった長姉なのに、規制がだいぶ緩和されてからドイツに行ったら、『コロナが心配だから、家にはあげられない』とカフェでしか会ってくれないの。さらに長姉の旦那は、『アジア（日本）からコロナウイルスをもってこないでね』と嫌味まで言ったのよ。

私の荷物をまとめてくれたことに感謝はしているの。でも全部『とりあえず入れてしまえ』と雑に詰めた感じなのよね。私の部屋にあった古い包帯は段ボールに入っているのに、リビングにあった家族写真は捨てられていたりして。何もチェックしないまま詰めるのは合理的といえば合理的なのかもしれないけど……。以前はもっと愛情深い人だったのよ。だから長姉の変わりっぷりにびっくりしたし、ショックだった」

氷のような関係になってしまった今、長姉からの連絡はほとんどなくなってしまったのだといいます。ニコルさんのケースでは母親は施設に入っているとはいえ存命なので、「遺産」が原因で姉妹の仲が悪化したわけではありません。父親の死亡によって、姉妹のそれぞれの「立場」や「生き様」がはっきりと表に出たことで軋轢《あつれき》が生まれたように感じられます。

立場の違いで「溝」が深まる？

私なりに、このケースの溝を整理すると、以下のようになります。

1．長女と末っ子の違い

きょうだいがいる場合、「何番目の子どもであるか」で、親や周りからの扱いや期待も違ったりします。多かれ少なかれ本人の性格も「長女らしく」なったり「末っ子らしく」なったりするものです。

末っ子のニコルさんは長姉が父親の死をきっかけに「人が変わったように冷たくなった」と感じています。想像の域を出ませんが、もしかしたら長姉は長年家族のいろんなことをやらされてきて、父親の死をきっかけに今までの我慢が限界に達したということも考えられます。それまで表立ったトラブルはなくても、親の死というストレスできょうだい間の人間関係に変化が生じることもあるのかもしれません。

2. 実際に手続きをする人と遠くにいる人の違い

親を思う気持ちは同じでも「現場にいる人」と「遠くにいる人」では立場が違います。「現場にいる人」は、実際に親の介護をしたり、認知症になった親に代わって役所関連の手続きをしたりします。死亡した後の実務も「現場にいる人」が担います。

それに対して、離れた街や外国に住んでいる「遠くにいる人」は、親を思う気持ちは強くても、実際に近くにいないため、「できること」には限界があります。「現場にいる人」がいろいろと動いている中で、「遠くにいる人」がやり方に意見をすれば、「口だけ出して手やお金は出さない人」として嫌がられるというのも、また自然な流れです。

長姉のような「現場にいる人」は、実は悲しんでいても、目の前の大量のやるべきことを前に、「悲しんでばかりいられない」でしょう。それに対して「遠くにいる人」は、親を懐かしみ、ロマンチストでいられるのです。たとえば医療の面でも「今すべきこと」について理想が高くなるあまり「こうしたほうがいい」とついあれこれ言いがちです。実際に親の病院に付き添い、医療関係者と一緒に時間をかけて培った合意に対して、遠くにいる人が、いきなり治療方針に異議を唱えたり親の延命を求めたりすることがあります。こういう人のことをアメリカでは「カリフォルニアから来た娘症候群」などと言うそうです。「娘」となっていますが、性別や血縁の関係性を問うものではなく、いつもは遠くにいるのに急に介入してきて「あれこれ言う」人のことを指します。

誤解や諍《いさか》いを避けるためには、**「自分の立場」「相手の立場」の違いを予め認識しておくことが大事だ**という気がします。

3．会社員と専業主婦の違い

同じ女性でも専業主婦なのか、それとも働く女性なのかによって、考え方はだいぶ違ってきます。現実的なことを言うと「使える時間」も違います。会社員であれば私生活でどんなに大変なことがあろうとも、毎日決まった時間に出社し、退社の時間まで縛られることが基本です。融通はあまりきかないので、時間を効率的に使うしかありません。たとえば実家の片付けの際に、「思い出の品々との別れの作業」に時間を割きたくても、限界があるでしょう。ニコルさんと長姉の場合も、「仕事が忙しい会社員の姉」と「専業主婦の妹」という「女性の生き方の違い」が確執の遠因になっているような印象を受けました。

4. 国際的な人と地元にずっといる人の違い

「主に一つの国しか知らないドメスティックな感覚の持ち主」なのか、それとも「外国人と交流したり外国に住んだりしたことがある」のか。これは意外と見過ごされがちですが、人間関係を考えるうえで大事なポイントです。コロナ禍で、ニコルさんと長姉で話がかみ合わなかったのはここにも原因がありそうです。

コロナ禍では海外渡航に様々な制限があり、ニュースでも報じられていましたが、海外と縁のない人はどうしても他人事というか「観光に行けないだけ」と捉えがちです。「家族に会うためだったら渡航ができるはず」などと簡単に考えている人も目立ちました。

様々な国に住み、移動に慣れていて、入国の規定などを調べることに長けている「国際的な」ニコルさんvs.「生まれた時からずっと地元にいて、移動の大変さが実感としてわからない」長姉の間の温度差はそういったところからも生じたのだと感じました。

日本に〝訪ねてきた〟父親

同じ家族だからわかり合える、と思いがちですが、長い年月を一緒に過ごした家族やきょうだいと言えども、大人になってから歩む道はそれぞれに違うわけです。誰が悪いという話ではなく、**「今、現在生きている環境が違う」という状況では、物事の理解度や捉え方も違ってきます。**そういったことも視野に入れながら、家族との仲を考えると、いろいろと腹を立てずに済むのではないでしょうか。

父親の死から何週間か経ったある日、ニコルさんに不思議なことが起きました。自宅マンションで窓を全開にし、日光浴しながらくつろいでいたところ、「へえ～（日本で）こんなふうに住んでるんだね。いいところだね」（"Schön habt ihr's hier."）と父親の声がしたというのです。

「確かに父の気配を感じたの。その日以来、気持ちが前向きになったわ」

亡くなる瞬間に立ち会えなかったり、遺体を前にしないと、人間はなかなか「その人が死んだ」ことが理解できず「精神的に引きずる」という説もあります。でもコロナ禍のような困難な状況のなかでは、自分の心のなかで「お別れ」をすることも可能なのだと、話を聞いていて思いました。

残念ながら姉妹には溝ができてしまいましたが、ニコルさんと父親が、葬式などの「形式」とは違う「自分なりのお別れ」ができたことは、救いかもしれません。

悩まず片付けるコツ

✦物を買わなければ断捨離せずに済む
✦良い物を手入れして長く使う
✦親に「断捨離」を急かさない
✦家具は買うのではなく親から受け継ぐ
✦3つの基準で「遺品」を譲り受ける
〔1〕自分たちの暮らしに合っているか？
〔2〕思い出だけでなく実用性があるか？
〔3〕どうしても欲しいか？

第4章

ドイツ人はさらりと老いる

18 ドイツ人は「介護」を自力でしない？

親を介護施設に入れるのはかわいそう？

「親を介護施設に入れるなんて信じられない、と思ってた。母がおかしくなるまでは」

そう語るのはミュンヘンに住むアンナさん。第1章の「認知症になったから日本に旅行にやってきたトビアスさん」のところでも登場した女性です。アンナさんは「15年以上前のことだけれど」と前置きして、母親の介護のことを振り返ってくれました。

アンナさんの母親は一人暮らしでしたが、ミュンヘンの下町風の地域に長年住み、近所付き合いもありました。我慢強い性格で、敗血症と骨粗鬆症《こつそしょう》を患っても「ちょっとしたこと」だと我慢しがちだったといいます。

70代に入ると歩くスピードは遅くなり、家事の効率も落ちました。しかしそれなりに元気だったため、アンナさんは安心していました。

ところがアンナさんが幼い子どもたちを連れて、泊まりがけでキャンプに出かけた日のこと。自然の中で楽しんでいる最中に、携帯電話に母親から着信がありました。

「アンナ、悪いけど、子どもたちを迎えに来てくれる？　私はもうそろそろ寝たいの」

子どもたちはアンナさんとキャンプ中ですから、母親と一緒にいるはずがありません。

「大丈夫よ。迎えに行くから、お母さんは横になっていて」

予定より早くキャンプを切り上げ、母親のマンションのリビングに入ると、テーブルには子どもたちの写真が置かれていたといいます。つまり母親は孫の「写真」を見て、「今孫たちがリビングにいる」と勘違いしてしまったのでした。

アンナさんは「とうとう来たか……」と思ったといいます。アンナさんの祖母もかつて認知症を発症し「いずれ、母親も？」という不安は常にあったからです。

真冬にネグリジェ姿で故郷に帰ろうとしていた母

母親は「普通でいる日」もありましたが、「ちょっとおかしい日」が増えていきました。

たとえば、アンナさんと子どもたち、そして母親の4人でカフェに出かけた時のこと。夜になってから「今日カフェで食べたサクランボケーキ（Kirschtorte）はおいしかったね！」とアンナさんが言うと、母親は「食べていないわ」と主張します。何か楽しいことがあってもすぐに忘れてしまうようでした。

母親はまた、アンナさんに電話をかけてきては「家のソファに子どもが20人もいるの！　騒がしくて眠れない」と話すなど、心配なことばかりでした。

「冷え込みが厳しい冬の夜、ネグリジェ姿のまま市電の駅にいたこともあったわ。何十年も前、自分が子どもだった頃に住んでいた故郷の街に行こうとしていたらしいの。その時は『様子がおかしい』と気づいた男子大学生がいて、母を家まで送ってくれたの。母の家から電話があって、それが知らない男性の声だった時はびっくりしたけど、たまたま親切な人にあたって本当にラッキーだった。世の中には悪い人もいるから、路上で会った人を家にあげるなんて危ないもの。このまま一人暮らしさせておくと、そのうち火事になるんじゃないか、と心配になった」

いつだってユーモアが大事

「当時、母はミュンヘンのプロテスタント系の『ヨハネ騎士修道会』（Johanniter）から、『ネックレス型の非常用ボタン』を渡されていたの。家の中で倒れても、ボタンを押せばすぐに外部の介護サービスの職員とつながることができるものよ。でも、やっぱり認知症の人には意味がないのよね。まず首からかけるのを忘れるし、家の中のどこかに置いてきてしまうし、非常用ボタンの存在自体も忘れちゃうから。当時小学生だった息子はとてもイタズラが好きでね。よくおばあちゃんの家に遊びに行って、非常用ボタンを押しては『介護サービスの人とお話しする』のを繰り返していたのよ！　まあ困ったもんだけど、今となったら笑い話ね。必要な人からはほったらかしにされ、健康な子どもには好かれちゃう非常用ボタンって、いったい……」

ちなみにこの非常用ボタンはドイツ赤十字社（Rotes Kreuz）やカトリック系のマルタ騎士団（Malteser）やカリタス（Caritas）など、いろいろなところで貸し出されていて、宗派に関係なく借りることができます。料金は月に25ユーロ程度ですが、保険適用で実質無料。今は「腕時計型」も選ぶことができます。

その後、アンナさんの母親は認知症が進み、転倒して腕を折ってしまいました。

「骨折を治すのが先ということで、専門病院の二人部屋に入院したの。相部屋の女性は、脳梗塞の後遺症で言葉が出てこないから無言なんだけど、思考ははっきりしていて、いつも読書をしている人だった。そして母は明るい性格でよくしゃべる人だったから話してばかり。『私の入れ歯はどこにいったかしら？』とか『私のメガネは？』とか母が大きな声を出して探し物をするたびに、脳梗塞の女性が無言のまま、ある方向を指すの。必ず、指差したところに入れ歯やらメガネやらが置いてあるのよね。お見舞いに行くたびに、面白くて笑っちゃった。だって、そうじゃない？『頭ははっきりしているけど話せない女性』と『頭は認知症だけど明るくよくペラペラとしゃべる老人』。ちょっとコントみたいで笑ったわ」

アンナさんは心身共にタフで明るい女性です。インタビューも深刻な内容なのに、笑いながらユーモアを交えて語っています。辛い状況の時ほど、あえて「笑える」面を見つけるようにして、実際に笑ってしまう。これがアンナさんのタフさの秘訣かもしれません。

「もし母親を施設に入れなかったら……私は破産していた」

母親が骨折で入院したこの病院はリハビリもできる老人病院（Geriatrische Rehaklinik）ではなく、いわゆる短期介護（ショートステイ）用のクリニックでした。

「この短期入院で母の認知症は悪化したの」とアンナさんは語ります。慢性的な人手不足で一人ひとりに合った対応やリハビリ的なことをあまりしてくれず、4週間、母親はほとんど「寝ているだけ」だったといいます。そのため身体の機能はさらに衰え、退院後には新たな対策を考えなければなりませんでした。母親の住む集合住宅にはエレベーターがありません。いよいよ自宅での一人暮らしがままならなくなってきたのです。

「母親をどうするか問題」が現実となった時、アンナさんはまず、「母を自分の家に引き取る」ことを考えました。母親への愛情が深く、子どもの頃は漠然と「いつかお母さんが歳を取ったら、私が家で面倒を見る」と思っていたからです。

当時、アンナさんは家を買って5年ちょっと。ミュンヘンの街中の便利なエリアにある一軒家ですが、建物自体は古く「バリアフリー」に対応していません。夫婦や子どもたちの生活の場は2階、そして1階には玄関を入ってすぐに大きなリビングがあります。

「車椅子になることを考えると、『母のベッドを1階のリビングに置く』しかないのよね。だそうすると、何せリビングだし、玄関も近いし、母親のプライバシーが全くなくなってしまう。それに1階のトイレは狭くて、車椅子では入れない。母親のトイレのたびに誰かが抱きかかえていくのは現実的ではないし、それが大きなネックだった」

アンナさんは振り返り、こう続けます。

「家のリフォームも考えたわ。でも仮にバリアフリーにしたとして、誰かが家にいて24時間、面倒を見なきゃいけないことになる。私は医者だけど小児科医だから、毎日の介護の細かいことはやっぱり現実としてわかっていなかったのよね。

介護士って、やっぱりすごい。プロとして勉強して、たとえば『高齢者がベッドの上に寝たままシーツを替える方法』なんかをちゃんとわかっているのよ。でも素人だと、困り果ててしまう。『床ずれしないように、定期的に寝返りを打たせる』のも大変過ぎる。家族とはいえノイローゼになってしまうわよね」

アンナさんは**「認知症の人を『家族』がケアするのはほぼ不可能」と実感します**。何ヵ月か前までは、「親を施設に入れるなんてかわいそう」と考えていた自分が「あまりにもナイーヴで恥ずかしくなった」と言います。

「だけど早く気がつけてよかったわ。私は夢だった小児科医になれたのに、母を自宅に引き取ったとしたら、仕事をやめることになる。そうしたら家のローンは払えなくなるし、結局『自宅介護＝家を手放すこと』というのが現実なのよね。母は大好きだけれど、もし施設に入れなかったら、経済的に破綻していたと思う」

アンナさんが医師になったことを、誰よりも喜んでくれたのは母親でした。豊かとはいえない集合住宅で育ったアンナさんが「お金を蓄え、一軒家を買った」ことも誇りに思っていました。それを自分のためにすべて手放すことを、母親は望んでいなかったはずです。

介護認定の日に限ってシャキッとしないで！

アンナさんは医療保険（Medizinischer Dienst der Krankenversicherung）に相談し、介護サービスの看護師長が、「要介護レベル」を判断するために訪問してくれることになりました。アンナさんによると、昔は介護認定の判断に「髪をとかせるかどうか」が重要視されていましたが、今は「服を着たり脱いだりできるかどうか」といったActivity of Daily Living（ADL）を見て、身体がどこまで機能しているのかが総合的に検討されるそうです。「認知」の面では、「今、あなたは何歳ですか？」「生年月日は？」という具合に、「今日の日付」「今の首相の名前」「今の季節」などの質問についてチェックします。

「同居していなかったとはいえ、母に毎日のように電話をしたり家に顔を出したりしていたので、私にはわかってたの。母は朝起きてすぐは、わりとまともで頭もはっきりしているんだけれど、午後に疲れてくると、だんだんおかしなことを言い出すようになる。

ところが困ったことに、介護レベルの判定は朝だったの。心配で立ち会ったんだけど、母は案の定、調子がいいのよ！　これでは『特に問題がない』と判断されてしまう……と不安な気

ドイツの介護制度は「介護される人」が主役?

要介護レベル

日常生活での「個人の自立度」を
5段階で評価

支援はお金?サービス?

現金給付かサービス給付か
本人か家族が選択

現金給付を選び、家族や友人に
介護を依頼する高齢者もいる!

参考:ドイツ連邦保健省(Bundesministerium für Gesundheit, BMG)

持ちで見ていたんだけど、担当者が時間をかけてパソコンに答えを打ち込んだりしていたので長引いたの。それで母もだんだん疲れてきた。

担当者がマンションの中を見渡して母に聞いたの。『ところで、あちらがバス・トイレですよね。一日に何回ぐらい行くんですか?』って。なんと母はこう答えたの。

『はい、あそこがバス・トイレですが、私は入れません。3週間前から青い作業服を着た大工さんが入っているんです』

担当者はびっくりしていたけど、私は内心『やったー!』よ。介護認定の日、母親が最後まで元気だったら、と思うとゾッとするわ。担当者の仕事が早くてサッと質問事項を済ませちゃうような人なら『誤認定』もあると思う。偶然で決まると思うと、なんだか怖いわよね」

楽しいことをたくさんして逝く

　認知症が進んだと認定され、いよいよ車椅子になったため、アンナさんの母親は介護施設に入ることになりました。

「母はもとから明るい性格で、幸い認知症になってもそれは変わらなかった。介護施設にいることが本人はよくわかっていなくて『病院にいる』と思っていたの。『みんないい人でやさしい』と喜んでいた。でも同時に『みんなにとても良くしてもらって心地いいけど、私は別にどこも悪くないから、もうそろそろ家に帰ってもいいと思う』ってニコニコしながら言うのよ。

　なるべく多くの時間を母と過ごしたかったから、車椅子の母を介護施設から連れ出して、娘と3人で近くのオクトーバーフェストに行って、少しだけだけど一緒にビールを飲んだりもした。

　母はとっても楽しかったみたい。何せ地元の思い出が沢山あるお祭りだからね。楽しい思いをさせてあげること、幸せな気持ちでいてもらうことって大事よ。年齢を重ねて細かいことは忘れてしまっても、『楽しい』という感情は確実にあるから」

　こういうイベントがあった後は決まって具合も良かったとアンナさんは振り返ります。何十年も同じ集合住宅に住んでいた母親には近所の仲良しもいっぱいいて、お見舞いにも来てくれたそうです。

「ファッシング（Fasching）〔註：2月にあるドイツのカーニバル〕の時は、わざわざクラップフェン（Krapfen）〔註：揚げ菓子、ドーナッツの一種〕をもってきてくれたご近所さんもいたのよ。クラップフェンを幸せそうに食べてから数日後に、母は亡くなったわ。戦争も体験して大変だったけど、母は最期まで明るくて、人に愛される良い人生だったと思った」

アンナさんは改めて振り返ってこう言います。

「『親を介護施設に入れるなんて信じられない』と言える人たちはハッピー&ラッキーな人たちです。『親の体調の悪化』にまだ直面していない人たち、つまり『親が元気な人たち』が言うことね」

身体の自由が利かなくなったら どこに住みたい？

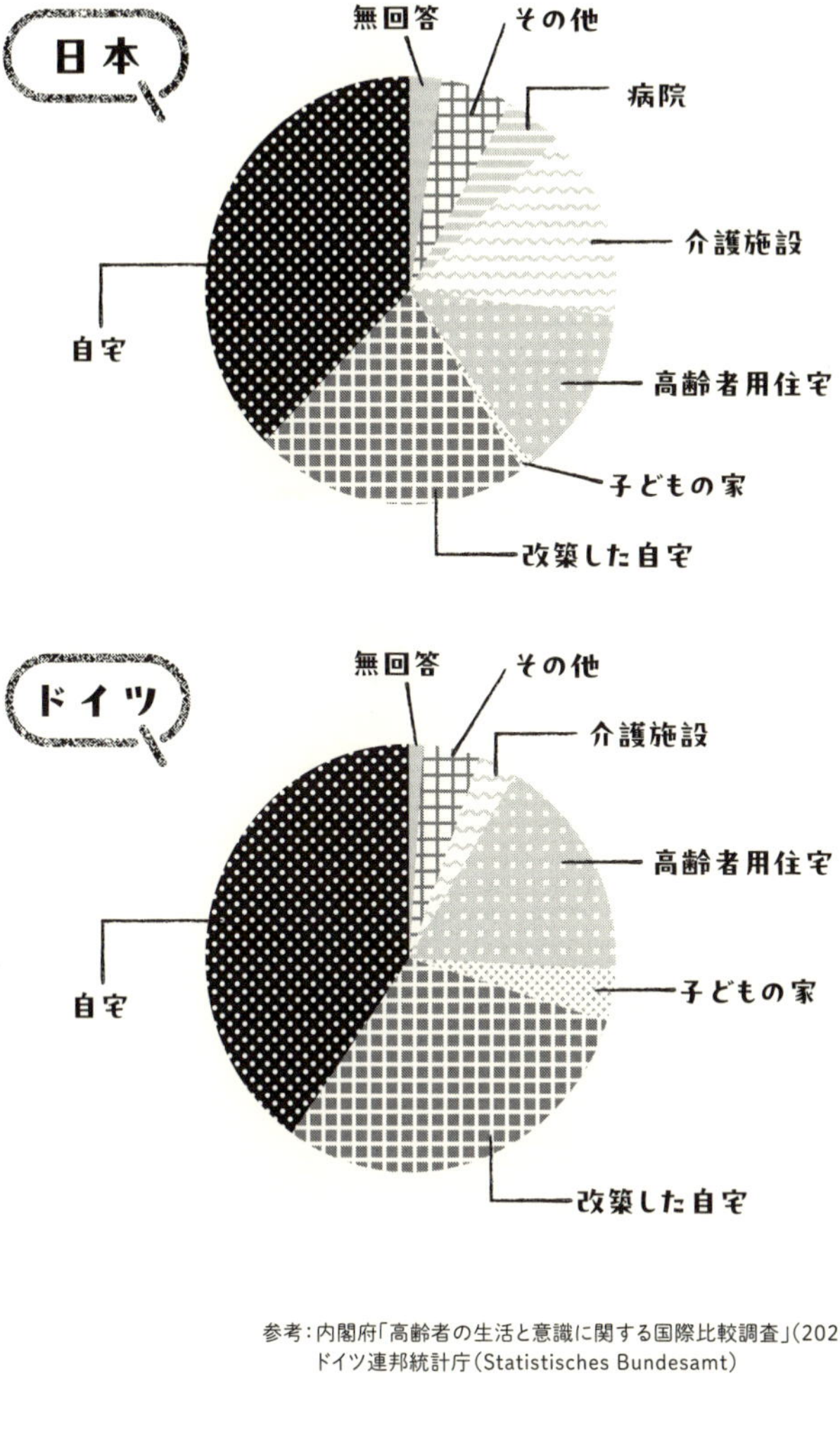

参考：内閣府「高齢者の生活と意識に関する国際比較調査」（2020年度）
ドイツ連邦統計庁（Statistisches Bundesamt）

19 ドイツ人男性は「車」にこだわる

「運転＝アイデンティティ」の男性高齢者

アンナさんは「40代が人生で一番大変だった」と言います。なぜなら母親の介護は、元夫のハインツさんが病気になった時期と重なっていたのです。

ハインツさんの様子がおかしくなったのは30年ほど前、彼が35歳の時でした。片方の足を引きずって歩くようになり、穏やかな性格だったのが、些細なことで不機嫌になったり、怒ったりするようになったそうです。IT関連の仕事をしていましたが、パスワードを忘れたり、同僚へのアグレッシブな言動が増えました。

神経科で診察を受けたところ、多発性硬化症だということがわかりました。足や腕が徐々に思うように動かなくなる病気で、コーヒーを飲もうとするとカップを落としてしまったり、こぼしてしまったり、と日々の生活に支障をきたすようになります。

病気が発覚してすぐ、ハインツさんとアンナさんは子どもを連れて、20日間のアメリカ旅行に出かけました。

「病気が進行するといろんなことができなくなるとわかっていたから、今のうちに！　と思って旅行を即決したわ。その頃から私の信念は『やりたいことは、今やる』なの」

このインタビューも、アンナさんの日本旅行の最中に行いました。第1章で書いた通り、一緒に旅をしていたのは「認知症になったから旅行に来た」というトビアスさん夫婦。この二人も「今だから旅行する」という意見でした。ドイツでは「人生を楽しむ」（"Das Leben genießen"）を大事に考えている人がたくさんいます。人生はいつ、どうなるかわからないからこそ、人生を今楽しむというわけです。

性格が変わってしまった夫の「後見人」に

アンナさんはハインツさんの身体の不調も心配でしたが、それに伴う彼のアグレッシブな言動を「危険」だと感じるようになりました。担当医師からは、「多発性硬化症のせいで人格が変わり、今後癪持ちが更に悪化する可能性がある」と言われていましたが、まさにその通りになってしまいました。

「この人に物事を判断させてはいけない」と考えたアンナさん。診断書を持って役所に行き、夫に代わって判断が下せる後見人になりました。

ドイツでは、精神病や認知症などにより判断能力がなくなった場合、弁護士を後見人にすることが一般的です。ただし半年間の期間限定で、配偶者が無給で後見人になることができます。アンナさんはこう言います。

「実際のところ、儲かっていない弁護士がこの手の後見人になることが多いのよ。何もしなくても該当者が生きてさえいればお金が入ってくるからね。で、『仕事は少ないほうがいい』と、その手の弁護士が一番好むのは『介護施設に長らく入ったままの高齢者』なの。だから私はハインツの問題が出てきた時、まず自分で後見人になろうと決めたのよ」

妻として医師として「車のカギ」を取り上げた

入退院を繰り返していたハインツさんですが、アグレッシブな言動はエスカレートするばかり、自己過信と誇大妄想も止まりません。ある時期は「オレは世界会議の準備に忙しいんだ！」が口癖になりましたが、もちろん世界会議への出席の予定はありません。

「世界会議の話はまだいいのよ。**一番困るのは『車』。**私がいくら『運転なんて危険だからやめて』と言っても、自己過信と誇大妄想で『普通に運転ができる！』と自信まんまんなのよ。

足が自由に動かないから、いつブレーキとアクセルを踏み間違えてもおかしくない。障害があっても乗れるオートマティックの車を特注できるんだけど、なにせ自信過剰だから耳を貸さないわけ。残念ながらドイツには『病気や障害のある人は特注の改造された車に乗ることが義務』という法律もないの。

私は本当に困ってしまって、主治医のところに相談に行ったの。『やめさせるにはどうしたらいいですか?』って。そうしたらね、その主治医はなんて言ったと思う?『彼がそのまま車に乗って事故を起こしても、妻のあなたが法的な責任を取らされることはありませんから、安心してください』と言ったのよ!

でもね、私は小児科医でしょ。昔、赤ちゃんの時にベビーカーに乗った状態で車にひかれて障害の残った、4歳の子どもを担当したことがあるの。運転していた人は80代の高齢者。ブレーキとアクセルを間違えたのが事故の原因だったんだって。その子は生後3ヵ月の時から要介護レベル4になって、一生自力で生活することはできなかった。

『自分の夫が車で事故を起こして、子どもが死んでしまうかもしれない、一生障害を抱えることになるかもしれない』というのは、耐えられないことだった。だから主治医の『妻に法的な責任はない』なんて話に納得できるはずなんてない。

自分の胸に手を当てて自分の良心に従って考えたら、答えは一つしかないの。運転させないいこと。それで私は車のカギを取り上げたの。もちろんハインツもかわいそうなんだけど、第三者の命や健康を奪うかもしれないと考えると、それが医師としての責任だと思った。これは法律云々の話ではなく、道徳の問題よ」

ハインツさんは、専門病院に長期入院した後、精神病院に転院し、亡くなりました。

「悲しかったけれど、それよりも前を向いていくしかない、という気持ちが強かった」とアンナさんは言います。もちろん人にもよりますが、「竹を割ったような性格」というか、スパッと割り切って次に進むことが得意なドイツ人が多い気がします。

「聞こえません、見えません」が、運転はできます！

「これは最近の話なんだけど、ミュンヘンの地下駐車場に車を止めたら、横の車が私の車をこすって、傷がついたのね。運転していたのは80代ぐらいの男性。私は『あなたが駐車した時に、私の車に傷がつきましたよ』と言ったの。そうしたら耳が遠いようなの。だから身振り手振りで傷の部分を指で指して『こ・こ・に！　傷が！　ありますよね？』と言ったの。やっと伝わったと思ったら、その人、車に顔を近づけて『え……？　よく見えない』だって」

車を運転しているのに、「聞こえません、見えません」では本当に困ったものです。日本でもブレーキとアクセルの踏み間違えが原因で車を暴走させた87歳の高齢男性の事件がありました。母子が死亡し、計9人が負傷したこの事件は盛んに報じられました。

「高齢ドライバーによる事故をどう防ぐか」は、多くの国が抱える課題です。

ドイツでも日本でも「高齢だから」という理由で免許を取り上げることは制度上できません。過疎化した地域では買い物や通院などに車が不可欠だとアンナさんは言います。

「私の知っている高齢の女性は、電車が通っていなくて、バスも不定期という山の上に住んでいるの。股関節が悪いし、『絨毯につまずいて腰の骨を折ったから家をリフォームする』なんて言っていたけど、運転は続けてるのよ！　そのおばあさんは『ふもとのスーパーまでコロコロする』（"Ich roll da runter in den Supermarkt."）と冗談で言うんだけど、『本当に車が自然にコロコロ転がっているだけじゃないだろうか？』って不安になるわよ」

アンナさんいわく、「ドイツの社会は『車』に対して甘過ぎる」とのこと。

「私は18歳で車の免許を取った時は、視力が良かったの。24歳で近眼になって、それ以来メガネをかけているんだけど、全部自己申告制でメガネ無しでも運転できてしまうのよ。こんなのおかしいでしょう？　運転免許を一回取ると、一生そのままなんて。変な話、途中でドラッグやアルコールの依存症になっても、認知症になっても運転はできる……事故が起きるまではね。全米ライフル協会は『銃をもつのは権利だ』と主張しているけれど、ドイツ人の車はあれと同じかもしれない。でも、私は大問題だと思うわ」

「車」と「男のプライド」の問題

「病気で性格も変わってしまった元夫が入院するまでの数年間は、一言では表せないほどの大変さだった。でもね、今思うと、ハインツが運転にこだわった理由もわかる気がする。私は1960年代の生まれだけど、私たちや少し上の年代のドイツ人にしてみれば、**車はまさに『人生そのもの』だったし、ステータスでもあった**の。若い頃は、『ミュンヘンからガルダ湖までコーヒーを飲みに行った！』と自慢する人が沢山いたわよ。恋人や友達を連れてドライブするのが、当時は『かっこよかった』のよね。

今でこそ環境保護を考えて自転車に乗る人が性別に関係なく増えたけど、かつては男性にとって『車は命』だった。ハインツは病気もあったけど、車はまさに男のプライドだったのよね。

笑っちゃうのは、男性は『助手席に座っていても黙っていられないこと』よ。前に私が高齢の父を乗せて運転していたら、助手席から『自動変速！』（"Gangschaltung!"）とか『右へ寄せろ！』とか、アドバイスと称して口をはさんでくるのよ。

再婚した今の夫のシュテファンも、助手席で黙っていられないタイプ。穏やかな人なのに、『信号が赤になるよ』とか『青になるよ』とかすぐに言ってくるのよ。私にも目というものがついているのにね！　男にとって車はプライドだし、**自分がハンドルを握っていないと、いろいろと言いたくなるのは『男の性《さが》』みたい**」

高齢者の運転問題は簡単に解決することではありません。プライドの問題に加えて、地方に住んでいると、車がないと買い物に行くことも、病院に行くこともできないという社会の問題もあります。これは日本も同様でしょう。

私は運転免許がないので簡単に言えるのかもしれませんが、高齢と言われる年齢に達する前に「運転しなくても用事が済ませられるように生活環境を整えておくこと」が必要なのではないかと思っています。

20 ドイツ人の「娘」は介護をするのか？

「ケアする人」は女性？　外国人？

「日本のほうが『娘が介護をする』ことにこだわっている人が多いと感じた」

こう話すのは日本在住のドイツ人、カロリン（Carolyn）さんです。私は現在40代後半ですが、確かにカロリンさんの言うとおり、同世代の日本人女性と話していると、親の介護について積極的にかかわる心がまえでいる人が多いと感じます。

なぜなら、**兄や弟といった息子たちは、「仕事が大変だから」「転勤があるから」といった理由で介護からフェイドアウトしていきます。**姉や妹がいる男性は、中心となって介護を担うことを、家族からも社会全体からも免除されている気がします。

読売新聞の掲示板サイト「発言小町」にも、「両親は私に介護をしてほしいようですが、財産は長男である兄にあげると言われ、困っています」という女性からの相談が載っていました。

もちろん家庭にもよりますし、都会か地方か、地域差もあるのでしょう。しかし「全体の傾向」として、日本では暗黙の了解で「ケア」は女性が担うものという社会の雰囲気があるのは否めません。

「ケア労働は女性にお任せ」なのはドイツも同じ

介護が必要となった時、家族がどのように介護にかかわっていくか。高齢化が進む先進国では切実な問題です。では、「ドイツの介護は完全に男女平等なのか？」というと、残念ながらそうではありません。カロリンさんはこう話します。

「ドイツでも、家族のなかの『女性』が介護を担うことが多いのよね。子どもがしょっちゅう熱を出す育児と同じで『今すぐなんとかしなければいけない緊急事態』が頻繁に発生するでしょう？　それに家族のなかの誰が対応するのかといえば、結局は妻、娘、息子の妻（義理の娘）になる。

ある意味、昔より今の女性のほうが大変になっているかもしれない。昔の女性は介護を含む家のなかのケア労働を担う分、就業はせず『経済的には男性に頼ればよい』とされていた。**最近は女性の就業はマストになったのに、ケア労働は女性が担うという感覚はなくなっていな**

い。皮肉だけれど、フェミニズムによって女性の負担が増えたと思う」

確かにドイツのジェンダーギャップ指数は世界的に見ても上のほうですが、「ケアは女性の役割」という「家庭」のなかでは少なからず負担を強いられているわけです。

ドイツは日本よりも女性の就業率（女性の労働力率）は高いとはいえ、家庭でのケア労働のために、週30時間ほどの時短で働かざるを得ない女性も多くいます。年金は生涯年収によって変わるので、当然、時短で働く女性がもらえる年金は少なくなります。ドイツでも、乏しい年金のために困窮する高齢女性が問題になっているのです。

ドイツ連邦統計庁の統計によると、ドイツで「貧困」とされている人たちは女性が15・4%、男性が13・9%であるものの、高齢になるとその差が大きくなります。65歳以上の場合、女性の20・3%が貧困であるのに対し、男性の貧困は15・9%にとどまります。これが75歳以上になると、女性の20・6%が貧困であるのに対し、男性は14・2%です。原因は女性は30歳あたりから就業をしなかったり、または時短などで給料が少なくなるからです。

「今のドイツだと、『女性も男性も老後の資金は自分で用意すべきだ』という考えがデフォルトで、**『経済的に男性に頼る』ことはタブーだとされている**のよね。それなのにケア労働は昔のままというのは、『母性』に象徴される女性への期待や願望を押し付けられて、女性が仕方なく引き受けている感じ」

カロリンさんは嘆きますが、実は私も同じことを考えていました。南ドイツというドイツのなかでも比較的保守的な土地で育ったからかもしれませんが、私も**「ドイツでは女性がタダで手助けすることが良いこと」とされている**フシがあると感じます。しかも女性が笑顔で「私は好きでやっているから〈お金は〉いいんですよ」（"Ich mache das ja gerne."）という言葉を添えることが好まれます。やったことに対して金銭を要求すると、すぐに「彼女は計算高い」（"Sie ist berechnend."）、「彼女はお金がほしいだけ」（"Sie ist nur auf Geld aus."）などの陰口がついてまわる傾向があります。なんというか「無償で優しくしてくれるマリア様のような女性」を無意識に求められているようです。

「住み込みの介護士」を雇うドイツの富裕層

ケア労働についてドイツと日本を比較すれば、「社会や家族からのプレッシャー」については、ドイツは日本ほど強くはありません。特に親の介護に関しては、比較的ドライな考え方をする人が目立ちます。30代のドイツ人女性は、「『自分で介護はできない』と割り切るドイツ人は多いと思う。体力的にも時間的にも不可能と考え、その考えを親も子もシェアしているように感じる」と語ります。親を介護施設に入れるのではなく、介護士に定期的に自宅に来てもらうケースも少なくありません。

日本では「福祉国家であるドイツでは介護に関しても国のケアが行き届いている」と思われがちですが、そうとは言い切れません。**ハナから夢のない話で恐縮ですが、お金次第です。**高額な保険にしっかり入っていたり、裕福な家庭であったりすれば介護生活も幾分楽になりますが、ドイツは日本と同様に「中間層」が多い国ですから、事態は深刻です。

家で介護する場合、家族が24時間いつでも叩き起こされるような状態でも、要介護度を決める審査の際、「24時間介護が必要」だと認められるケースばかりではありません。そこで「一日に8時間、介護士のケアが必要だ」と認定された場合、その分の介護士の費用は介護保険(Pflegekasse)で支払われます。問題はサポートを受けられない残りの16時間をどうするかです。介護士が見つかったとしても自費ですから、月に4000ユーロなど相当な金銭的負担になって、家計が破綻してしまいます。

仮に審査人に「在宅介護の際、24時間、介護士によるサポートが必要」と判断された場合でも、ドイツは労働法が厳しく、同じ介護士が24時間、泊まり込んでケアするわけにはいきません。かといって、日本と同じく介護業界は慢性的な人手不足。そう簡単に「3人の介護士が交代で来てくれる」とはなりません。

ケア労働は女性から外国人労働者へ？

近年、ドイツの家庭でケアを担っているのは主にポーランド人の女性介護士。賛否両論あるかと思いますが、実家の親の世話をしている介護士のことを話す時、「介護の人」ではなく「ポーランド人」と言うのが普通の表現になっているほどです。あるドイツ人男性はこう話していました。

「高齢の父親が家のリフォームをしてね、ポーランド人のために、ミニキッチンやバスルームもついた独立した部屋を作ったんだ」

これはつまり「将来、在宅介護になった時のための準備」なのです。「プロの手を借りて自宅で過ごしたい」と考える高齢者やその子どものうち、この男性の父親のように金銭的な余裕がある場合は、予め「プライバシーを重視した介護士の部屋」を用意します。

なぜポーランド人を中心とした東ヨーロッパからの介護士が多いのかというと、賃金が安くハードな仕事であるため、「介護士になりたいドイツ人」があまりいないからです。

「正規の介護士が来るのを待てない、切羽詰まったドイツ人家族」と「なんらかのかたちで働きたい東ヨーロッパ人」の需要と供給が一致した結果、「介護といえばポーランド人」なのでしょう。

「正式に雇用されたわけではないので保険にも入れないまま、18年も前からドイツ人の家庭で介護の仕事をしています。24時間シフトのこともあってかなりハードですが、月給はたったの800ユーロ。国にいる娘に仕送りしているのに」

テレビ局RTLで、イリーナ（Irina）というポーランド人女性がこう語っていました。

ドイツもポーランドも同じEU加盟国ですから、EU圏内のどこの国に移動しようが日本で言う不法滞在にはなりませんが、十分な休みが取れないなど搾取的な待遇が問題になっています。また、ポーランド人の女性介護士が高齢者からセクハラをされるなどの事例も報告されています。

RTLによると、需要に見合った正規の介護士の数は25万ほど必要ですが、それを満たすのは財政的に難しいようです。実際のところ「ドイツの介護現場は彼女たちがいないとまわらない」というのが現実なのです。

この問題から見えてくるのは、口で「平等」を語るのは簡単だけれど、実際の現場では女性や外国人が大変な思いをしているという現実です。ドイツでは普段「差別をしない」「平等であること」といった価値観は大事にされているはずですが、こと介護になると「まだまだ追いついていない」のが現状です。

さらりと老いる「お金以外の方法」を、ドイツ人も日本人も探していかなくてはならないとは思います。しかし、高齢社会、介護士の人手不足、ヨーロッパのなかの格差など様々な要因が絡んでいるため、残念ながら解決の糸口はまだ見つかっていません。

ドイツの女性が「働き続けたい理由」

ドイツ女性の貧困率

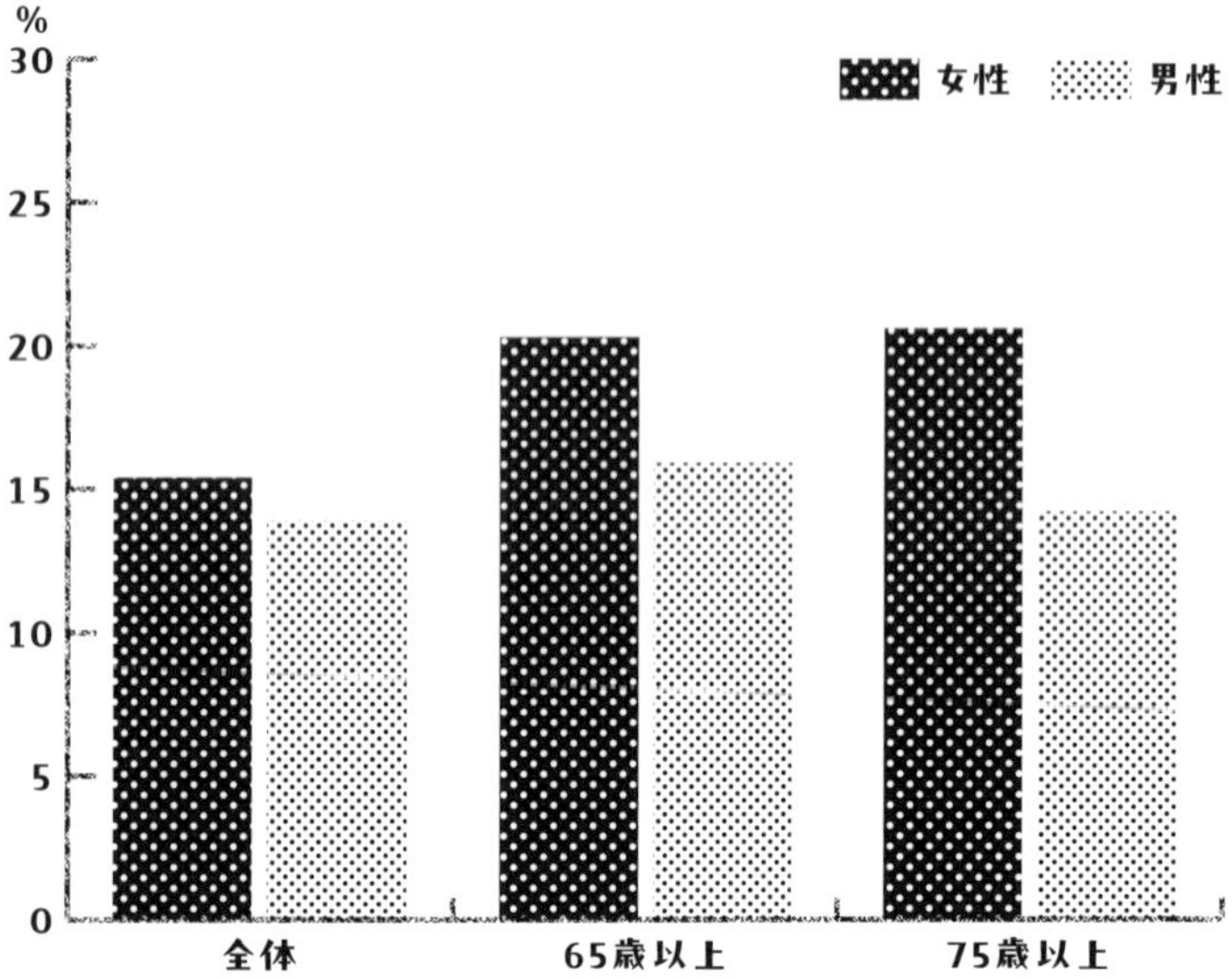

女性の貧困率が高い原因は？
・30歳前後で離職
・時短勤務に移行

働き続けないと
年金が少なくて
老後が心配

参考：ドイツ連邦統計庁（Statistisches Bundesamt）

21 ドイツ人は「介護施設」で夢を見る

バスが来ないバス停留所

「どんな介護を望んでいるのか」「老後は施設か自宅か」を、事前に家族で話し合っていたとしても、いざとなると費用や施設の空き状況、子どもの生活その他があり、予定通りにはいきません。また、本人が「介護施設は絶対に嫌！」と言っても、子どもがケアを担えない場合、施設に入れるしかないケースが増えています。

さらに認知症になってしまうと、「本人の希望」を確認することすら難しくなってしまいます。現実としてかなりの数の人が「認知機能が衰えた状態で、介護施設に入る」ことになります。そこでこの章の最後に、ドイツの「介護付き高齢者施設の面白い取り組み」についてご紹介します。

帰りたい場所はどこですか？

認知症の人は「今この瞬間」のことがわからなくなる一方で、何十年も前の記憶が鮮明なこともあります。「今から家に帰る」と言っては、子ども時代や若い時に住んでいた場所に帰ろうとするのも万国共通です。

介護付き施設に入っている認知症の人たちもまた、「今から帰る」と出て行こうとするので、彼らを毎回追いかけるのでは職員が疲弊してしまいます。これはドイツアルツハイマー協会（Deutsche Alzheimer Gesellschaft）のシルビア・ケルン（Sylvia Kern）氏など、多くの専門家が認めるところです。

「どこに帰ろうとしているのですか？　今のあなたの住まいはここです！」

怒鳴りつけたり説得を試みたりするとトラブルになることが多く、職員と入所者の関係が悪くなるだけです。そんななか、**ドイツの介護施設などの前に次々と作られているのが「バス停留所」です。**その名もずばり「認知症の人のためのバス停留所」（Bushaltestelle für Demente）。

入所者が「私は用事があるから家に帰る！」と言うや、職員が「では、バスが来るまで待っていてくださいね」と優しく言い、バス停の前まで誘導することもあります。もちろん、いくら待っても実際にバスが来ることはありません。

フォークス誌（Focus）のオンライン記事では、バス停で「2分」待っただけで、自分が何をしようとしていたか忘れてしまう認知症患者が紹介されています。さらに不思議なことに、彼らはバス停で待った後でホームに戻ると、「お出かけしてきた」気分で満足しているのだといいます。バス停留所が入所者の心の安定のために大きな役割を果たしていることがわかります。

「バスが来ないバス停留所」は認知症でない私たちからするとジョークのようですが、認知症の人にとっては心の拠り所です。バスを待っている間、「幸せ」を感じる時間はあっても、「悲しい気持ち」になることはありません。


認知症の人に少しでも「したいことをさせてあげる」ために、「認知症の人のためのバス停留所」がドイツで初めて作られたのは2006年。レムシャイトにある介護付き高齢者施設の職員が出したアイディアでした。バス停に並ぶ認知症の高齢者は明らかに幸せそうなうえ、入所者の家族にも好評だったため、徐々にドイツ全土に広まっていきました。今や全国の高齢者施設の前にこの「バスが来ないバス停留所」があります。たとえばハンブルグのアイデルシュテットにある施設では、中庭にバス停を設置していますが、入所者は喜々として並んでいるそうです。日刊紙ディ・ヴェルト（Die Welt）のオンライン記事には、毎日、暗くなると「もう家に帰らなくては」とバスを待つ80代半ばの認知症の女性のことが紹介されています。

認知症の高齢者を「だまして」いいのか？

日本でも認知症の高齢者が徘徊して事故に遭うなどの事件が起きていますが、ドイツでも行方不明になった認知症の人を警察が探すことが珍しくありません。寒い冬に一人で歩いていた認知症の人が迷子になり、低体温症で死亡してしまうケースもありました。

ドイツの多くの施設が、入所者が飛び出さないように、ドアを工夫しています。たとえばぱっと見はドアに見えず壁紙と溶け込んだような色や模様になっていたり、暗証番号を入れないと開かないドアも増えています。

「バスが来ないバス停留所」のように、認知症の人を「だます」ことについて批判がないわけではありません。認知症の人の数が増えるなか、よく議論されているのが「どこまでが認知症の人を『守る』ことになるのか、どこからが『干渉』なのか」という点です。

しかし近年は、認知症の人との会話の中で「双方にとって心地よいことなら嘘も容認する」という考え方が広まっています。「フェイクのバス停を設置するなど嘘はいけない」を徹底してしまうと、「認知症の患者をベッドに縛り付けるような事態になってしまう……」というのはドイツ人の誰もが恐れていることです。

ある施設では高齢の女性が毎日のように「私の車はどこ？　家に帰りたいんだけど」と職員に聞きますが、職員は毎日のように「いま管理人さんがタイヤの点検をしているのよ」と答えます。それを聞いた女性は毎回「あら、そうなの。仕方ないわね」と納得するのだそうです。

また、かつて産婦人科医だった認知症の男性は、毎日のように「これから出産があるから出かけなければ」と言うとのこと。その際は彼の注意が他のことに向かうよう、職員同士で「上手な嘘」を工夫しているようです。

ただし、何でもフェイクを入れればよいというものではなく、時には施設の職員、入所者の家族、そして場合によっては認知症患者本人も交えて、「こういう場合はどういうふうに答えるか」と話し合うことで、「行き過ぎの防止」をすることが理想だとされています。

ドイツアルツハイマー協会によると、2023年末、ドイツには180万人近い認知症の人がいました。2023年だけで65歳以上の人が新たに約44万人認知症になりました。協会によると、今後予防薬や新たなセラピー・メソッドができない限り、2050年にはドイツで65歳以上の人の270万人ほどが認知症になっている可能性が高いとのことです。

私自身は「バスが来ないバス停留所」を遊び心のある素晴らしいアイディアだと考えています。いろんな意見はあるものの、やはり「認知症の当事者である本人」および「ケアする職員」の両方が「ハッピー」であることが大事だと思うからです。「自分が高齢になったらどうなるのか」「病気を発症するのか」「もしそうである場合、それはどういう病気なのか」――それは誰にもわからないことです。自分ももしかしたら何十年か後にはどこかの停留所でバスを待っているのかもしれません。

さらりと老いるヒント

✦世界中「理想の介護はない」と受け入れる
✦いつでもユーモアを忘れない
✦ささやかでも「楽しいこと」を見つける
✦プロに任せるべきことは任せる
✦「明日どうなるか?」は誰にもわからない

第5章

ドイツ人は構えず旅立つ

22 ドイツ人は「死の準備」をしない
日本人のほうが「老いと死」について現実的？

日本人に比べてドイツ人は**「死の準備」について細かく考えない**と感じます。片付けひとつを取っても、第3章で書いたとおり、「自分が死んだ後のために物を減らそう」と断捨離する親はあまりいませんし、子どもも「親が亡くなった後に考えればよい」という傾向があります。「生きていること」をとにかく満喫し、死にまつわる準備などしたくない……という感覚をもつ人が意外にも多いのです。

第一の理由は、「とにかく楽しいことをしないと損」という近年のドイツ人の考え方。その考えが根底にあるため、南の島のバカンスで太陽や海を満喫したり、何歳になっても友達やパートナーと楽しい時間を過ごしたり、高齢になっても「生きる」ほうに集中していると感じます。

第二の理由は、「嫌なことは考えたくない」といった「現実逃避」。

一概に言えることではありませんが、じっくり「老後や死について考える」ことが苦手な人が多い印象です。

第三の理由は、「考えても仕方がない」。

現実的かつあっさりした、ドイツ人らしい合理主義かもしれません。

本人にしか「余命宣告」をしないのがドイツ流

アコーディオン奏者にしてカメラマンのホルガーさんは、両親の死を振り返って、こんな話をしてくれました。10年以上前、まだ元気だったホルガーさんの父親が昔の写真を探していた時のことです。「あの写真が貼ってあるアルバムはどこ?」と聞くと、ホルガーさんの母親は吐き捨てるように答えました。**「そんなものは捨てたわよ」**と。

その後、父親は家の一角で細かく切り刻まれた大量の紙くずを発見します。母親は何日間にもわたって、思い出の写真をハサミでズタズタに切り刻んでいたのでした。たとえばホルガーさんが子どもの頃にサッカーをしている写真、運よくアメリカのブッシュ元大統領と一緒に撮った写真……。今のようにデジタル化されていないので、家族の思い出の記録が全部捨てられてしまったのです。

ホルガーさんも父親も、母親のアグレッシブな行為を腹立たしく思ったものの、本気で怒ることも励ますこともできませんでした。母親は乳癌、肺癌、膵臓癌に冒されており、モルヒネパッチなどを使用しても痛みが和らぐことはありませんでした。

「末期癌が発覚してからの期間は、母には肉体的にも精神的にも過酷だったと思う」

医師に告知されても、母親はしばらく夫にも息子にも癌を打ち明けていませんでした。

ドイツの法律では医師の守秘義務は厳しく、「患者のプライバシー尊重の観点から、医師が家族などに無断で病状を話すこと」は禁じられています。しかし「例外」もあるのか、あるドイツ人女性は「私の母は末期癌で亡くなったけど、家族と医師で話し合って本人には余命数ヵ月とは言わなかった」と言い、こう話してくれました。

「今思えば、当事者の母親だけが余命を知らないのは良くなかったかもしれない。みんなで『口を滑らせないように気を張っている状態』は本当に不自然だったわ。実は母もわかっていて、気を遣っていたとも思うし。そもそも自分だったら、自分の余命はやっぱり把握していたいと強く思う。だからそうしてもらえるように家族に話してるの」

写真を切り刻むという「死の準備」

ホルガーさんの家族が母親の癌を知ることになったのは、主治医がうっかり漏らしてしまったからでした。手の施しようのないステージだったため、本人の希望で基本的には自宅で過ごしながら、通院と往診、短期入院で治療することになりました。

「母が亡くなってから専門家に聞いてみたんだけど、**自分の死期が近づいていると悟った人の中には、『この世とお別れをする人』が一定数いる**そうなんだ」

つまりホルガーさんの母親にとって「写真を切り刻んで捨てる」という作業は、「自分自身をこの世から切り離す」という行為だったというのです。

「離婚する時、パートナーとの思い出の品々を捨ててしまう人がいるよね。母はまさにこの世と『離婚』のように別れようとしていた」

2009年、母親は77歳で亡くなりました。臨終に立ち会えなかったホルガーさんは、父親から「母の最期の言葉」を聞きました。

「なぜ私はこんなに苦しまなければならなかったの?」(“Warum musste ich so leiden?”)

「亡くなるはずのない手術だったのに」

ホルガーさんの父親は心臓に持病を抱えていたものの生活に支障はなく、ホルガーさんがドイツに一時帰国した時には、自ら運転する車で空港まで迎えに来てくれたほどでした。

そしてホルガーさんの滞在中、父親は簡単な手術を受ける予定でした。危険性もなく、数日で退院できるとのことだったのに、手術当日、ホルガーさんのもとに、付き添いの人から電話がありました。

「お父さんが、手術の最中に突然亡くなってしまった」

86歳と高齢ではありましたが、突然の死です。悲しみに打ちのめされたホルガーさんですが時間は待ってくれません。病院の「死者の部屋」(トーテンラウム Totenraum)〔註:家族などの関係者が亡くなった人とお別れできる部屋〕で最後の時間をもった後、様々な手続きに追われました。

まず「簡単な手術」の最中に死亡したために解剖が必要となり、それに4週間かかりました。お葬式はその後になります。結局、ホルガーさんは予定を延長して5週間ドイツに滞在し、200人も参列した大規模な葬儀を執り行いました。

ドイツのお葬式は、まず教会で葬儀をし、その後親しい人のみで教会の施設やレストランで食事をする流れです。この食事会のことを南ドイツでは「死体の饗宴」(ライヒェンシュマウス Leichenschmaus)と呼びます。ちょっとびっくりするネーミングですが、泣いたり悲しんだりするのは前半の教会のミサや葬儀の時で、「死体の饗宴」では故人の思い出を語りながらみんなで楽しい時間を過ごします。ホルガーさんもこうして父を見送ったのです。

「誤解を恐れずに言えば、『絶妙なタイミング』(Gutes Timing)に感謝したよ。父が亡くなったのが、僕がたまたまドイツにいた時で、本当によかった」

最後の最後まで見送ることができたこと。空港からのドライブでゆっくり話ができたこと……。その時、父は「死ぬ時はぽっくりいきたいよ」と言っていたのです。

突然亡くなってしまったので、病院の手術のことも含めてあれこれ後悔はしていました。でも時間が経つにつれてホルガーさんは、「手術中に突然亡くなったのは、**父親の希望通りの『ぽっくり』の死に方だったのかもしれない**」と思うようになったそうです。

「突然死がいい」と口をそろえるドイツ人

「死は突然がいい」と語るドイツ人は珍しくありません。

「死ぬこと自体は怖くないけど、長く苦しんで死を待っている状態になるのが嫌」という意見なのです。今回のインタビューで「どう死にたい?」と質問をするたび、**ドイツ人は全員「準備の期間はいらない。楽しく生きて、死ぬのは突然がいい」**と口をそろえました。

なかには「脳梗塞がいい」と具体的に病名をあげる人も(実際には脳梗塞での死亡率は1割ほどですが)いたほどです。日本にも「ぽっくり死」を歓迎する声はありますが、ドイツ人のように病名まであげて「突然死がいい」と話す人はあまりいない気がします。

ホルガーさんもこう言い切りました。

「僕は死ぬこと自体は怖くないけれど、予期せず死にたいな。死の準備の期間は必要ないよ。**準備期間が長いと考える時間が増える。つまりネガティブなことを考える時間も増えるわけだよね。**突然あっさり亡くなった父と、余命宣告された母の最期を思うと、死に向き合う期間がありすぎるのは、やっぱり不幸だという思いがあるのかな」


ホルガーさんのモットーは「人間は死ぬために生まれてくる」（"Man wird geboren um zu sterben."）です。つまり死ぬことは回避できないのだから、「今を楽しむべき」だと言うのです。私は彼の「強さ」をちょっぴりうらやましく感じました。

ナイーヴかもしれませんが、私自身は「死ぬ前に準備期間がほしい」と考えるタイプです。ある程度の時間があれば、大切な人に会いに行くこともできるし、身辺整理もできるし、「死」に向けてゆっくりと準備ができる……。

さらに私は決して前向きとは言えない性格で、スケジュール帳などで「12ヵ月」分のカレンダーを目にすると、「いずれ、このうちの一日が母親の命日になるのだろうな」とか「自分はどの季節のどの日に死ぬことになるんだろう」なんて考えることがあります。

「たぶん、低気圧や寝不足で体調が良くない時に考えるだけだと思うけれど」

ホルガーさんに話したところ、笑い飛ばされました。

「**自分がいつ死ぬかは気にならないし、特に知りたくもない。**理想は、観客の前で演奏中、アコーディオンを手にしたまま死ぬこと。盛り上がっている中で死ねたら最高だね」


日本人のほうがドイツ人よりも「老いること」「死ぬこと」に対して現実的な感覚を持っているのも事実です。火葬場で遺骨を目にしたり、亡くなった後も一回忌、三回忌、七回忌と故人を偲ぶ習慣があるため、日常に「死」が自然に組み込まれていると感じます。

人の生を祝う「誕生日」が大切にされているドイツでは、慣習的にも「死」よりも「生」に目を向けがちなのかもしれません。

私もドイツ人なので、こんな言い方はおかしいのかもしれませんが、死ぬことについて「あっけらかんと、カラッとしているドイツ人」も、いいなあと思うのです。

23 ドイツ人は「突然の死」を受け入れる

飛行機事故で「断ち切られた」父の人生

第3章で紹介したユリアさんはフリーランスの翻訳者で43歳。ドイツ人の母親と日本人の父親、姉二人という5人家族は、ベルリンにある母親所有の集合住宅に住んでいました。

歩行者天国からすぐの便利で賑やかな場所でもあり、昔から母親の友達が「近くまで来たから」と立ち寄ったり、近所の人と立ち話をしたり、日本で言う「下町の雰囲気」があったと言います。

やがて両親は離婚し、末娘のユリアさんは成人してから日本へ移り住みました。二人の姉たちは結婚し、一人は母親と同じ集合住宅の別の部屋に住んでいます。7歳になる姉の息子（孫）と母親は、「ラブラブ状態で幸せそう」なのだとか。

ユリアさんの父親は長く日本企業のドイツ支社に勤務していました。両親は離婚したとはいえ、ともにリベラルで良い関係を築いていたのです。

若い頃、青年海外協力隊としてアフリカのザンビアに住んでいた父親は行動的で、「第二の人生は、海外でボランティアがしたい」と夢を描くようになりました。さっそく調べたところ、「アルゼンチンなど南米で需要があるため、スペイン語が話せると有利」とわかり、すぐにスペイン・バレンシアの語学学校へ。現地で各国の若者に交じって楽しく学んでいる様子を、スカイプで嬉しそうに報告していました。

そんな充実した日々を終えてバルセロナから帰国する飛行機で、悲劇は起きました。精神的な病を患い、自殺願望があったとされる航空会社の副操縦士が、意図的に飛行機を墜落させたのです。乗客144人と機長や乗員が巻き添えとなり、全員が死亡しました。

「この日から私の人生は変わった」、ユリアさんは静かな声でそう語りました。

予期せず、ある日突然に

ユリアさんは父親と仲が良く、お互いが住む日本とドイツを行き来していました。父娘の関係は、父親が70代や80代になるまでずっと続くと思っていたのです。
“Er wurde aus dem Leben gerissen.”

インタビューでユリアさんはしばしばこう口にしました。「人生を謳歌している人が、突然、人生を終了させられた」という意味あいで、犯罪や事故に巻き込まれるなど、不慮の死を遂げた人に対して使われる言い回しです。「予期せず、ある日、突然に」というニュアンスが強く、長い闘病生活を経て亡くなった人には当てはまりません。

「事故」ではあるものの、副操縦士が「意図的に」乗客を道連れにした状況だったため、ユリアさんは「父親は殺された」という気持ちでした。さらにドイツの航空会社は責任を感じて詫びるどころか、「我々も被害者である」というスタンスだったのです。

航空会社が副操縦士の異変に気づいていたら、事故は防げたかもしれない……遺族が複雑な気持ちになるのも無理はありません。コックピットから締め出された機長が、最後まで必死にドアを叩いていたことも判明し、ユリアさんは無念でした。

「死ぬまでの最後の数分、父はどんな思いでいたのかと思うと、本当に嫌な気持ち……」

ユリアさんは語ります。

「自分がこういう経験をするまでは、人が死ぬと、残された人は『悲しみ』にだけ向き合うのだと思っていた。でも実際はやることが沢山あるのよね」

まず大変だったのは航空会社との交渉でした。たとえば航空会社は、遺族全員が墜落現場のフランスで追悼し、現場の遺品を見て本人確認ができるよう、近くのホテルを用意しました。ところが「2泊まで」という条件付きでした。日本在住のユリアさんの場合、移動時間や時差を考えると、2泊ではほぼ不可能です。悲しみに打ちのめされている中で、事務手続きや細かい交渉をしなければならず、精神的消耗はかなりのものでした。

ユリアさんは、「自分の中の怒りと悲しみが尋常ではなかったから」と前置きしつつ、「いろんなことに憤りを感じた」と言います。航空会社が遺族に寄り添わず、弁護士や保険会社任せのドライな対応だったこと。遺品が雑に放り込まれた段ボール箱が送られてきたこと。辛いことがたくさんありました。

外国で親が死んだら「会社員の立場」は危うい？

数十年同じマンションに住み続けていた父親は読書家で、大量の本がありました。技術系のサラリーマンだったので機械も大好き。ユリアさん、二人の姉、元妻である母親の4人で手分けして片付け、思い出の品をもらい受けましたが、そのほかの大量の物を処分しました。

「結局、私は3回、ドイツに行ったのよね。それで思うの。もし、姉や母がいなかったら？　もし一人っ子で全部一人でマンションの片付けをしないといけなかったら？　4人でも充分大変だったのに、それを一人でやるなんて考えられない」

同じ街や同じ国に住んでいても、亡くなった親の家を片付けるのは大変な作業です。まして や地球の反対側に住む子どもが「片付け」のために仕事を休んで、移動をして、作業をすると いうのは聞いているだけで気が遠くなりそうです。高齢の母がドイツにいる私にとっても、他 人事ではない話でした。


ユリアさんのもう一つの難題は、自分の仕事でした。当時、正社員として働いていた日本の会社には外国出身の従業員も多く、オープンな雰囲気でした。それでも、父親の死後の手続きや片付けは、国を跨いで行うことになります。頻繁に休むようになると、次第にいい顔をされなくなったと言います。

「人生の窮地に立たされた時、会社という組織は冷たいんだなって肌で感じた」

子どもが若く、親もまだ中年ぐらいであれば、住む国が違ってもあまり問題はありません。第三者から見たらむしろ「憧れ」の対象であったりします。私も「実家がドイツにあるなんてうらやましい」と言われたことがあります。社交辞令もあるのでしょうが、きっとそこには「海外へ行く」ことをどこか「キラキラしていること」と結び付けて考える何かがあるのだと思います。

しかしアラフィフとなり、ドイツに住む団塊世代の母が歳を重ねるにつれ、「母親が倒れたらどうしよう」などと頭に浮かびます。若かった頃に自分の中にあった「行ったり来たりして楽しい」という屈託のなさは失われつつありました。

人生はコントロールできない

まだ60代だった父親の死ですが、ユリアさんはこうも言います。

「救われるのは、生前の父が**『人生を楽しめたなら、若くして死ぬのも問題ない』**と言っていたこと。そして父は最後まで人生を楽しんでいたと確信しているの」

ユリアさん自身は冷静で、若くして死を直視し、早々と老い支度にも着手しているようです。しかし同時に「何があるかわからない」と言って、すべてをコントロールしようとはしない。父の不慮の死を経験しているだけに、彼女の話には説得力がありました。

24 ドイツ人は「孤独死」を恐れない

自分が一人で死ぬとしたら？

父親の死がきっかけでユリアさんは会社を辞めましたが、約10年が経った今、「自分の人生を考えたらむしろ良い決断だった」と振り返ります。

独身のユリアさんはフリーランスの翻訳家。人と会う機会も多くありません。つまり「一人の時間」が長いのです。率直に「自分が死ぬことについてどう思う？　孤独死は怖くない？」と聞いてみると、「もちろんできれば避けたい」と言いつつ冷静な答えが返ってきました。

「私はまだ40代前半だけれど、何十年かしたら高齢者向けの施設に入ると思うし、それについて戸惑いは全くないの。日本では『老後寂しくないように結婚する』みたいな考え方があるけど、違うと思うのよね。だって**一緒に住んでいても、人は同じタイミングで死ぬわけではないから。みんな『孤独』は避けられないんじゃないかな。**むしろ、何十年も二人一緒にいる状態に慣れると、先立たれた時に余計孤独を感じるのではと思ってる。自分が歳を取って体力的にも精神的にも弱っている時に、『いつでも二人一緒』という状態から突然一人になるのは、相当こたえる気がするな」

ドイツにも日本にも、「自分の老後を考えて子どもを作った」という人は一定数います。そんな話をすると、ユリアさんはきっぱり答えました。

「子どもには子どもの人生があるから、親の望む形で老後に寄り添ったり、死に目に立ち会えるのかは疑問よね。私の父のように、突然、人生を中断されることもあるし。

突然逝ってしまうのは、残された家族が辛すぎる。だから母親には、『万が一のことがあったらどうするの?』と聞くんだけど、ふわふわしているというか、はっきり答えないの。たぶん、そういうことを直視したくないのよね。

だけど私自身は、死ぬ前にある程度準備がしたい。考えてみれば、資産や保険のことを姉に話しているし、既に準備をしているのかも。管につながれてかろうじて生きているのは嫌だから、理想の死に方は老衰かな。普段通り寝て、朝目覚めないという、文字通り『眠るように死ぬ』のが理想。

ただ、うちの父を見ればわかる通り、**死に方は思い通りにはならないから、いろいろ言っても仕方ない**のかもしれないね。私は一人が好きだけれど、もし重い病気が発覚して死ぬことがわかったら、急に気が変わって、死に際には誰かに手を握っていてほしい、と思うかもしれないし」

家族を大事にしているユリアさんですが、「家族とはいつも一緒にいなければいけない」とは考えていません。自由を何よりも愛する彼女は20代で日本に一軒家を買い、一人暮らしをしてきました。「一人で一軒家に住む」なんて、自由な発想がなければ絶対にできないこと。と言うよりも、世間や人の目を気にしていたら、なかなかできないことだと思います。誰が言うでもなく、日本では「一軒家は夫婦または家族で住むもの」という暗黙の共通認識があるようです。でもベルリンという自由な雰囲気の街で育ち、大人になってから自分の意思で日本に来たユリアさんは、限りなく自由な発想の持ち主で、「自分の好き・嫌い」「自分の得意・不得意」をとてもよく知っているのです。

「幸せ」とは、人と時間に縛られない自由

「私にとって、大事なのは『自由』であること。会社員の仕事は楽しかったけれど、やっぱり様々なことに『縛られる』生活なのよね。時間的にも縛られるし、何よりも人間関係という問

題がある。会社員だった頃『いつかフリーランスになるんだろうな……』と漠然と思っていたけど、会社員生活を続けることが難しくなった時、『もしかしたらこれは良い機会なのではないか』と思ったのも事実。だって、『これから何年間もこの上司と毎日顔を合わせるのは嫌だな』とも思っていたし。

父の死によって『死』というものをリアルに突き付けられたし、人の命は無常（vergänglich）だと悟った。だからこそ自分の人生を自分が幸せだと感じるように生きようと強く思うようになったの。

私にとって、幸せとは『自由』であること。そして私にとっての自由は『人と時間に縛られない』ということかな。自然が好きだから、緑に囲まれた自分の家に住むことで精神が安定するし、すごく自由だなって感じるの。

私はやっぱり『一人でいること』が好きなのかもしれない。座右の銘と言うほどでもないけど、私の人生で大切なのは**『自分が自由に生きて、他人にも自由に生きてもらう』**（"Leben und leben lassen"）ことかな。人を傷つけたくないし、自分も必要以上に人とかかわってストレスを感じたくない。私はたぶん『放っておいてほしい』タイプの人間なのだと思う。持ち家にこだわるのも、賃貸だと何かこう、依存している（abhängig）感じがするからね」

「予定のプレッシャー」から自由になる

「もう一つ大事なのは、予定のプレッシャー（Termindruck）がないことかな。何時何分にどこそこにいなければいけない、なんていうのは私にはものすごいストレスでプレッシャー。たとえば、新幹線じゃなく車で移動するのは、予約した時間に決まった席に座るのがものすごいストレスだからなの！　仕事の納期を除いて予定のプレッシャーとはなるべく無縁でいたい」

私も自由が大好きですが、ユリアさんの話を聞いていると、「自由の定義は人によってこんなにも違うのだ」と新鮮でした。私は新幹線に乗って窓の外をボーッと見るのが好きで、極端なことを言うと「この時間がいつまでも続いたらいいのにな」と思ってしまうほどです。新幹線の切符を買うこと、決まった時間に新幹線に乗ること、指定席を探して座ることをストレスに感じる人がいるなんて、想像したこともありませんでした。

ユリアさんの家は、東京から2時間ほどの自然が多い山の近くで、野菜を育てるスペースもあります。日本の都会で育った人の中には「家の近くにコンビニがないと不便だし不自由」「自宅の徒歩圏内に駅がないと、不自由」だと感じる人も数多くいるわけです。

でもユリアさんの考える「自由・不自由」とは、駅やコンビニまでの距離などといったものとは無縁で、「自分が自然の中に身を置き、人間関係を気にしなくてもよく、時間に縛られず自分の意思で動ける」というものでした。

「自由」という言葉に限らないことですが、同じ言葉を使っているのに指しているものや考えていることが全く違う……というのはよくあることです。同じ文化の中で育ち、同じ言語を話す人の間でも「自分にとっての幸せは何か」という定義は人によって違います。だから、「日本人はこれを幸せだと感じる」「ドイツ人はこれを幸せだと感じる」と言い切ることは難しいかもしれません。ただ全体で見ると、やはりドイツ人には「利便性よりも自然の中にいることが大事」だと考える傾向があるようです。

自然と自由を愛するユリアさんが「孤独は避けられない」と言うのは、何か一本筋が通った話ではあります。

25 ドイツ人は「死の瞬間」を心配しない 「死ぬまでの期間」のほうがずっと怖い

ナタリー（Nathalie）さんは40代半ばの弁護士です。夫の仕事の関係で、小学生の娘と3人で日本に住んでいます。同じくドイツ人で物理学者の夫とは、社交ダンスで知り合いました。夫婦の趣味は「料理と食べ歩き」。ドイツ人にしては珍しく、「食」にお金を使うことを厭わず、「日本ではどこで何を食べてもおいしい」と満足顔です。

美食家であると同時に、ナタリーさんは健康志向です。スナック菓子は食べない、アルコールは飲まない、もちろんタバコも吸いません。ヨガやピラティス、インターバル・トレーニングが趣味で、普段からよく歩きます。車の移動はやめて今は電動自転車であちこちに出かけているとのこと。職業柄、コンピューターに向かう時間も長いものの、「高さを調整できる机を買ってからは、立って仕事をする」と話すのですから徹底しています。

これほど健康に気を使う一つ目の理由は、「娘にとって良いお手本でありたいから」。そしてもう一つの理由は**「親のようになりたくないから」**です。

「父も母ももう亡くなったけど、二人ともヘビースモーカーで生活習慣もかなり乱れていたの。その反動で自分は、不健康なものを一切受け付けなくなったんだと思う」

痛みを感じないケアで亡くなった母

ナタリーさん夫婦がまだドイツにいた頃、母親が肺を患い、1年半の闘病を経て亡くなりました。ナタリーさんは言葉を選びながら語ります。

「肺が正常に機能していなかったから呼吸が苦しくなってしまって、私が救急車を呼んで入院させたの。最期は窒息する形で亡くなるとわかっていたから、医師がモルヒネを投与してくれた。モルヒネに反対の医師もいるし、『最期まで自然に』と言うけれど、窒息して死ぬことを五感のすべてで体感する必要はないでしょう？ 最期の瞬間に母の苦しみが和らいだことは、大きな救いだった。救命処置をすればあと20分ぐらい生きられたらしいけど、苦しまずに逝かせてあげたい、それだけだった。だから医者には本当に感謝してる」

ナタリーさんは最期の瞬間まで母親のそばにいられました。

「ただ妹は気の毒だったわ。**ずっと付き添っていたのに、たまたま別のフロアに行っているわ**

ずかなあいだに母は亡くなってしまったの。妹は長いあいだ『なぜあのタイミングで食事に出かけてしまったのか』と自分を責めていた。今は、『最期の瞬間は一緒にいられなくても、それまでの時間をそばで過ごせたのだからよかった』と思い直しているみたい」

パートナーがいても一人で亡くなった父

ナタリーさんの母親の死後、父親には新たにパートナーができました。やはり家族ぐるみで付き合いのあった女性です。私が「娘として抵抗はなかったの？」とちょっと意地悪な質問をしてみたところ、ナタリーさんは不思議そうな顔をしました。

「なぜ？　配偶者が亡くなった後、パートナーを求めるのは自然なことだと思う。母の存命中に不倫をしていたわけではないし」

わだかまりと距離があった父娘は電話やメールでの交流もあまりなく、3年間会っていませんでした。だからこそ「パートナーがいるほうが安心」というのもありました。

ある日の夜10時頃、ナタリーさんの携帯に着信がありました。ずいぶん遅い時間だなと留守電を聞いてみると、父親の隣に住む親戚からです。胸騒ぎがして折り返すと「父親が死んだ」

と聞かされました。

昼間にパートナーが仕事先から父親に電話をしたところ、何度かけてみてもつながらなかったのだそうです。不審に思ったその女性が訪問すると、家のブラインドやシャッターはすべて閉まっており、郵便受けには新聞が差し込まれたままでした。

パートナーは合鍵で家の中に入りますが、出かけた形跡がないのに、家のどこを探しても父親は見当たりません。隣に住む親戚の家に行って事情を話し、親戚とその息子のヨナス(Jonas)、パートナーと3人で、あらためて家中を探しました。

父親は、リビングルームの「ソファテーブルとソファの間」という死角に倒れていました。見つけたのは13歳のヨナスでした。父親は寝間着姿で、隣には濡れたタオルが置かれていたといいます。

「まだ64歳だった。長年の喫煙によって引き起こされる心臓発作ね」とナタリーさんは言います。検死の結果、「気分が悪くなってその場で倒れたまま、息を引き取ったと思われる」とのことでした。配偶者に先立たれた後も親戚が隣に住み、頻繁に会うパートナーもいたのに、父親は一人で亡くなったのです。

「ドイツでも孤独死は酷いものだと思われているけれど、私自身は**孤独死そのものよりも、高**

齢者が死ぬまでの数年間を辛い思いをして過ごすことのほうがはるかに酷いと思う」

ナタリーさんはこう語ります。彼女はネグレクト気味の両親に代わって祖母に育てられました。晩年、祖母は認知症になって介護付き施設に入ったところ、爪も切ってもらえない環境で満足なケアを受けられずに亡くなったのです。ドイツでは、一般的に足や爪のケアはとても大切なものとされているのにです。

家で介護もできず、他のホームを探すこともできず、「おばあちゃんには最後に辛い思いをさせてしまった」とナタリーさんの中にはモヤモヤが残っています。

「孤独死をすると、遺体を発見した人も大変だと思うけど、何よりも数時間苦しんでから孤独に死ぬという感覚が一番怖いしゾッとする。父親は残念ながら一人で亡くなってしまったけど、医者に『苦しまずにすぐに逝った可能性が高い』と言われてホッとしたの」

「死ぬ時の心配」か「自由な人生」か

「日本よりもドイツのほうが孤独死しない制度が進んでいる」

そう言いたいところですが、実際には「日本と似たり寄ったり」なのです。

ドイツの集合住宅でも、家賃の滞納や、「臭いがするので部屋で死んでいるのではないか」

という近所の人の通報で、孤独死が発覚することもあります。

昔の日本やドイツ、そして今も多くの発展途上国で見られるような「大家族」であれば「孤独死」は防げました。でも、私の独断と偏見で言わせてもらうと、そのような大家族にはだいたい「女性が嫁として夫の両親と同居している」状態ですから、生きていくのがいかにも大変そうです。そう簡単に結論づけられないかもしれませんが、孤独死を含めて**「死ぬ時の心配をする」よりも「生きているあいだ、自由に生きられる」ことを優先**したいと思ってしまいます。この点はドイツ流でいい気がします。

日本でもドイツでも「もともとは夫婦と子どもの家族だけれど、成人した子どもが家を出て、配偶者が亡くなって、結局高齢者の一人暮らし」という場合も多いのです。健康な人が突然死する可能性もふまえると、「どんな死に方を迎えるか」は、流れというか「運」の部分も大きいと感じます。

26 ドイツ人は「自分らしい葬式」をする
死にゆく準備はカスタマイズで

「母は高齢だけれど頭はしっかりしている」と話すベアーテさん。第1章で紹介したように彼女自身はおひとり様を満喫中です。億万長者と結婚しなかった現実的な母親は、自分の死後に誰も困らないように、まずは「遺言執行者」（Testamentvollstreckerin）を指名しました。

遺言執行者とは、財産分与などでトラブルが起きないように、故人の遺言に沿って動く人を指します。家族や親戚など関係が近い人（成人年齢に達している必要がある）、あるいは弁護士などの法律家の中から、本人がふさわしいと思う人物を選び、遺言書や相続契約に記載します。特に指名せず、「遺産裁判所（Nachlassgericht）に決めてほしい」とすることも可能です。

ベアーテさんは笑いながらこう語ります。

「5人の子どもたちの誰を遺言執行者にするか、母は『消去法』で決めたの。私は海外によく行ったり、忙しいでしょ。弟はギムナジウムで宗教学（カトリック）の先生をしていて、もう

ドイツの遺言執行者

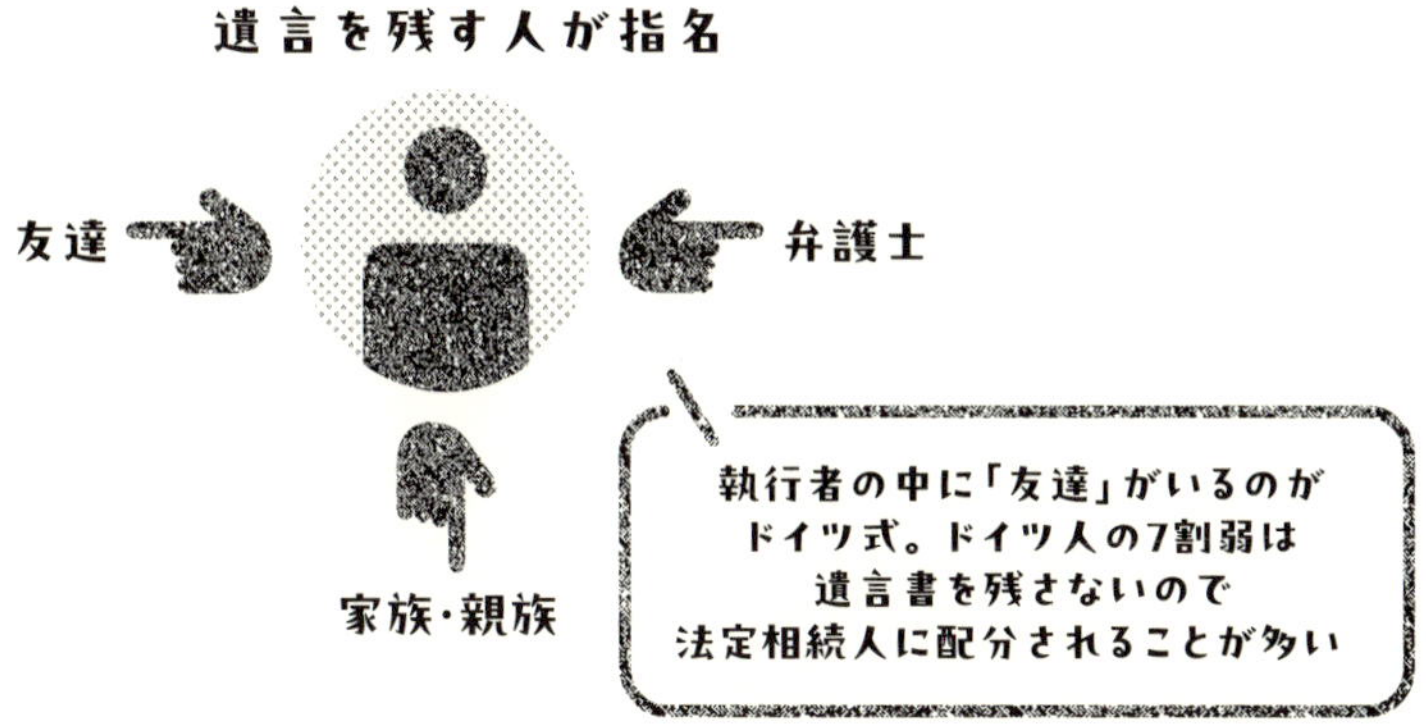

遺言を残す人が指名
友達
弁護士
家族・親族
執行者の中に「友達」がいるのが
ドイツ式。ドイツ人の7割弱は
遺言書を残さないので
法定相続人に配分されることが多い

参考：https://www.finanztip.de/autor/dr-britta-beate-schoen/
https://www.erbrecht-ratgeber.de/erbrecht/erbschaft/

一人の弟はカトリックの教義問答(Katechismus)〔註：公教要理。カトリック要理ともいう〕の専門家。二人とも宗教にガチガチで現実的な目が備わっていない。兄はこれまた神父さんで、とにかく博愛主義者で人が良いから、『お母さんの遺産はすべて寄付しようよ』なんて言い出しかねない。仲はいいけど、私とは全く価値観が違うわ。私は教会から脱会したから！」

遺言執行者を誰にする？

結局、ベアーテさんの母親は、ずっと会社員として経理の仕事をしてきた妹を指名したそうです。

「親なのに客観的な判断ができたのは素晴らし

いことよね。妹は母の家からそう遠くないところに住んでいるし、『カトリックのがちがち頭の息子たち』とは違って、現実をちゃんと見ている人だから、書類の管理だとかお墓のこととか、一番きちんとできると思う」

親戚やきょうだいが多いと、「誰と誰の仲が悪い」とか「親が誰かを贔屓する」など、険悪な雰囲気になることも少なくありませんが、ベアーテさんの家に限ってはそんな心配はなさそうです。たとえ家族であっても、人間関係や感情でなく「能力・適性」で決める。彼女の母親の判断はお見事です。

「人間として、人の死にかかわる」

法的な遺言執行者とは少し違うかたちで、死に寄り添うこともあると、弁護士のナタリーさんは自分の経験を話してくれました。

「いとこのアルネ（Arne）とは、クリスマスや誰かの誕生日など、家族の集まりで会う程度だったの。彼はフォトグラファーで独身で、見た目も生き方もとにかく派手。女性関係も派手で、会うたびに恋人が変わっていた。私は正反対で地に足がついた生活を好むから、ちょっぴり浮ついて見えたし、そんなに深くかかわることはなかったの。あの時までは」

アルネさんは前立腺癌の診断を受けました。高齢者であればテストステロン（男性ホルモン）の分泌も少ないため、「前立腺癌は進行が遅い」と言われますが、彼はまだ40代だったのです。大学病院の新薬の治験にも参加し、手術、薬物、ホルモン投与など積極的かつ懸命な治療を続けたにもかかわらず、癌の進行を食い止めることはできませんでした。

ある時を境に弱っていくのがわかったと、ナタリーさんは視線を落とします。

「アルネはフォトグラファーだから活動的でフットワークが軽かったけど、役所の手続きや書類の申請みたいな事務的なことは苦手。その点、私は弁護士だから、職業柄、事務手続きは得意でしょう」

ナタリーさんは「彼をサポートする」ことを決めました。まず、アルネさんが疾病手当をもらえるように健康保険会社に連絡を取り、医師の診断書など申請に必要な書類一式をそろえました。闘病生活で仕事も制限されていたため、稼得能力減退年金（Erwerbsminderungsrente）が得られるよう手続きをしました。

できる限り仕事をし、積極的に人に会っていたアルネさんですが、やがて完全に働けなくなってからは職業不能年金（Berufsunfähigkeitsrente）をもらえるように手配したのも、ナタリーさんです。

「これはね、とても不思議な話なの。私とアルネは性格も職業もライフスタイルもあまりに違い過ぎて友達になれないタイプなの。ではなぜサポートしたのかと言うと、**彼に助けが必要だったし、家族だから。そして何より、人間だからなの。**あまり親しくなくても、性格的に合わなくても、人間としてできるだけのサポートはしてあげたいじゃない」

ナタリーさんの行動を「ドイツ人らしい」と言っていいのかはわかりませんが、「相手と自分は違う」「性格的に合わない」という現実的でドライな目線を持ちながらも、「困った時にはサポートをする」という温かさを感じます。どこかキリスト教的な隣人愛を感じ取った私ですが、ナタリーさんいわく「私は成人してからプロテスタント教会を脱会しているし、現在は無神論者なのよ」とのことでした。

アルネさんが亡くなる数ヵ月前、ナタリーさんは彼の家を訪れ、「今後どうしたいのか」「誰に何を残したいのか」を世間話をしながら確認したといいます。そして遺言書を作成しました。

「話をしている中で、彼は『自分が死んだら愛する女性（パートナー）にすべてを残したい』と自覚したみたいなの。それでなんと、**ホスピスで結婚**したのよ！」

悲しむことを「目的」にしない

結婚の翌年、アルネさんは54歳で息を引き取りました。ナタリーさんは、はっきりと信念を語ります。

「私は『(大切な人が死んで) 悲しいと思わないの?』(“Trauerst du gar nicht?”) という考え方が好きではないし、そういう質問をする人も好きじゃない。人に罪悪感を抱かせる良くない質問だと思う。故人を悼むのはいいけど、『悲しむ、喪に服す』(trauern) は目的ではないと思うのよね。**『喪に服す』という名のもとに、自分の周りに壁を作る考えは良くないわよ。**若い人でも高齢者でも、死に直面してもどんどん前向きに生きるといい。『家族の死後、1年間黒服を着て喪に服す』という昔ながらのキリスト教の慣習も嫌い。365日間黒い服で366日目になったらカラフルな服が解禁されるというのは根拠がないし、意味がわからない」

「悲しみ方」は人それぞれでいい

ナタリーさんと同様に、私も「その人なりの悲しみ方がある」と考えています。

涙を見せて「誰から見ても悲しんでいる」という人もいれば、表向きは気丈に振る舞い、悲しみをあまり見せない人も。すぐに立ち直る人、何年も引きずる人……様々です。だから身内が亡くなった後に周囲が「悲しみ方」に口を出すのは違うと常々思っています。

私がそのように強く思うようになったのは15歳の頃の出来事が影響しています。ドイツの学校の同級生が両親とセスナ機に乗ってベネチアに行きましたが、帰路アルプスに墜落して、一家3人が亡くなりました。家族の中で生き残ったのは、ミュンヘンで留守番をしていた同級生の姉だけです。

家族3人が亡くなって数ヵ月経った頃、学校はこんな話でもちきりでした。

「(亡くなったあの子の)お姉さんをオクトーバーフェストで見たわよ！　彼氏と一緒に楽しそうに歩いてた！　信じられない！」

「えー！　家族みんなが亡くなったのに？　私だったら笑ってオクトーバーフェストになんか行けないと思う」

概ねこのような会話だったと記憶しています。その時、強烈な違和感に襲われたことを、今でも覚えています。「人の生き方に口を出し過ぎじゃない？」と強く思いました。

その気持ちはアラフィフになった今も変わっていません。どのタイミングで割り切ることができるのか、どのタイミングで立ち直るのか、そしてその立ち直り方だって様々です。

自分は間違っても「あの人は夫が亡くなってあまり時間が経っていないのに笑っていた」「喪中なのに楽しそうにしていた」なんて言う人間にはなりたくない――今も強くそう思っています。

「人間は自分を中心に堂々としていていい」 そう思うのです。

明るい葬式で「さようなら」

ナタリーさんは、アルネさんの意思を尊重した「明るい葬式」をしました。それがアルネさんに相応《ふさわ》しい「悲しみ方」だったのです。

「どんな式がいいか、本人の意思の確認ができたこともよかった。『宗教色のないクリエイティブなものにしてほしい』と聞いていたからね。哀悼の辞を述べる人も宗教関係者以外を選んだし、場所も教会ではなくて、ニュートラルな葬儀場（Trauerhalle）にしたの。

まず、彼が人生を通して撮ってきたいろんな写真をコラージュして、壁の片側を埋めてね。もう一つの壁にはプレゼンみたいな感じで、彼の今までの歩みをたどる写真で人生を再現したわ。社交的な人だったから家族も友達もたくさん来て、みんな悲しみながらも、『良い人生でよかった。良い式だった』と言ってくれて。クリエイティブな職業に就いていた人には、ああいう個性的な式がぴったりだと思う。昔みたいなカトリック教会とかプロテスタント教会とか、宗教色の強い式にする必要は今の時代まったくないわよ」

あくまで明るい「お葬式」をカスタマイズすること。それが遺言執行者であるナタリーさんがアルネさんのためにした、「最後の仕事」でした。

27 ドイツ人は「葬式のマナー」にこだわらない

喪服はブラックデニムでいい

新型コロナウイルスの流行と時代の流れで、日本では家族葬がふえました。ドイツも似た傾向があり、お葬式はどんどん「カジュアル化」しています。

「教会でミサやお葬式をした後、親しい人が集まって食事会をする」というのが一般的な流れですが、「伝統的にはこうでなければいけないこと」が減ってきているのです。

もっともドイツのお葬式は、もともと日本と比べるとだいぶ「規定が緩やか」です。

日本だと、「正式の喪服を正しく着なければいけない」「真珠のネックレスはこういうもの」「派手なマニキュアはダメ」などの細かいルールがありますが、ドイツは「服は黒であればオッケー」という感覚です。

日本のように男女で服装のルールが異なるということもないため、女性もパンツ姿のほうが多く、黒いジーンズも「あり」です。また、季節によっては教会も屋外もかなり寒いため、黒のダウンや冬用の暖かいブーツを履くのも問題ありません。

「その人らしさ」が大事だと考えられているため、案内状に「喪服ではなくカラフルな服装でいらしてください。故人は明るい色が好きでした」と書いてあることも。

最近は「故人の人柄がわかるお葬式スタイル」が重視されているので、日本人が見たらびっくりするほど多様です。たとえば遺影は、「シャンパングラスを手に微笑んでいる姿」「楽しそうに登山をしている姿」「旅行先の南国の海をバックに笑っている姿」などなど。

この本のためのインタビューで聞いた話ですが、「うちの祖母が亡くなった時は、故人の願いで小学生の孫たち7〜8人で棺に絵を描いて送り出した」という人もいました。

特にリベラルなプロテスタント教会は、同性愛者も受け入れるようになっています。伝統的な聖楽（教会音楽）ではない「本人の好きな音楽」を、ミサの際に流してくれるところも。カトリックはまだまだですが、プロテスタントはどんどん多様化しているといえるでしょう。

「伝統的葬式」のトラウマから「自分らしい葬式」へ

50代のあるドイツ人女性は、「子ども時代に経験した父親のお葬式がトラウマになった」と言います。

「子どもだったから、『死』というものがまだよくわからないでしょ。それなのにお葬式では、棺が開いた状態だったの。そこにピクリとも動かない父が入っていたのよ！」

生前の父親は、何百年も前から続く保守的な学生連盟「決闘型学生結社」（Schlagende Studentenverbindung）の一員でした。「フェンシング」と「酒を飲むこと」で結束を固めるという決まりで、男性しか会員になれません。

政治的にかなり「右寄り」なので近年は賛否両論ありますが、会員にはいわゆる家柄が良い人、社会的地位が高い人が多いため、OBに就職先を紹介してもらえたりと、「コネクション作り」の側面が大きいようです。さらに都会の決闘型学生結社に入ると、一等地にある連盟の建物内の寮に住めるので、地方出身の学生にとってはこれが魅力です。

「今考えると、父のお葬式がやたらと伝統的だったのは、決闘型学生結社の会員だったからだと思う。母親ときょうだいと一緒に、父親の棺の後をえんえんと歩かされたこともトラウマ。あんなのは子どもにさせるべきではないし、今思い出しても嫌。苦しい時間だったわ」

ドイツ流・お葬式の「定番ソング」

そんな彼女に「理想のお葬式」について聞いてみたところ、「やはり本人の生き様が色濃く出ているお葬式が素敵だと思う」とのことでした。

「故人の好きな音楽をライブで演奏するとか。バンドを呼ぶ手間はかかるけど素敵よね。私と一緒にボランティア活動をしていた女友達が7年前に亡くなったの。それでお葬式でみんなでしんみりしていたら、いきなり会場に歌手ヘレーネ・フィッシャー（Helene Fischer）の“Atemlos durch die Nacht”が流れたの。参列者はみんな『何、何？』って混乱してた。でもしばらくして、誰かが『彼女の好きだった曲だ！』って言って、それでみんな笑顔になって。『ああ、そういえば彼女はこの曲が好きだった』と泣き出す人もいたわ。宗教色の強いお葬式よりもこういう個性的なお葬式がいいわね」

「葬式ソング」としてドイツで定番となっているのは、「みなさん、おやすみなさい」（Reinhard Meyの“Gute Nacht Freunde”）。少し上の世代だとフランク・シナトラの「マイ・ウェイ」が人気です。

近年人気を集めているのは、オーストリアの歌手アンドレアス・ガバリエール（Andreas Gabalier）の“Amoi seg' ma uns wieder”。ドイツ語の方言で「また会おうね」という意味で、アンドレアスさん自身の自殺した父親、そして父親の死の2年後に後追い自殺をした妹を想って作った曲です。

逝く時は決まっている
風に吹かれる木の葉のように
子ども時代に戻る
血管の血が冷たくなり
鼓動が止まれば
天使のほうへと舞い上がる
怖がらないで身を任せて
なぜなら生きた後にも続きがあるよ

きっとまた会える
それまで上から見ているね
過ぎ去った日々に感謝し
永遠に瞼を閉じる

身寄りがない人のための「匿名の葬式」

ドイツで特徴的なのは「匿名の葬式」です。身寄りがない人や事情がある人のために、各地で行われています。地方によって多少異なりますが、ベルリン在住の女性がこう話してくれました。

「ベルリンでは月に一度『匿名の葬式』(Anonyme Beerdigung) が行われているの。亡くなった人に身寄りがいない場合、亡くなった人が誰だかわからない場合、それから身寄りがいても『葬式代を払いたくない』という場合は、ベルリンの街が『その月に亡くなった人をまとめてお葬式をしてくれる』というわけ。いわば合同葬式のセレモニーでは、名前がわかる人の場合は氏名が読み上げられるけど、かなりシンプルよ」

「匿名の葬式」に参列者はいませんが、ボランティアも多くかかわっています。

費用は税金で賄われるため、値段は数多くある「葬式スタイル」の中でも最安値。遺体のケア、場合によっては医師による検死のコスト、故人に服を着せる作業や役所関連の書類の手続き、火葬の費用などが含まれます。

火葬後の骨壺はたいてい、広々とした芝生の「匿名の葬式用の墓地」に埋葬されます。基本的に墓石はなく、どこにどの人の骨壺が埋葬されたのかわからないよう、「匿名」になっています。

バルト海や北海に遺灰を撒く「匿名の葬式」もありますが、亡くなった場所が海から遠く離れた南ドイツの場合、値段が少し高くなります。

「変な話、私は匿名の葬式を悲しいだとかドライだとか思わないのよね。自分もそれでいいと思うぐらい」

この話をしてくれた女性は、そう言って笑いました。

散骨について

税金で賄われる「匿名の葬式」であっても、海に遺灰を撒くことができます。日本でも散骨はできますが、地元の自治体に確認したほうが良いでしょう。

飛行機事故で亡くなったユリアさんの父親は、生前、一緒にテレビを見ていて海が映ると、こう言っていたそうです。

「将来、自分に何かあったら、遺灰は海に撒いてもらいたい」

改まって話しあったわけではなく、ふとした時に漏らした言葉ですが、「お墓はいらない」

など、本人の希望を伝えてくれていたことにユリアさんは感謝しています。何も考えずに「普通のお葬式」をするより、「故人の希望を叶える」ほうが良いという考えからでしょう。「父は日本海沿岸の小さな村で育って、子どもの頃は海で遊んでいたし、海が好きだったでしょ。だからその思いを叶えてあげたかった」

ユリアさんは「遺灰を父親が子どもの頃よく遊んでいた海に撒く」ことを宣言。日本の昔ながらの埋葬ではないことを理解していましたが、意外にも日本の親戚から反対の声は上がらなかったとのことです。しかし、その時ユリアさんが考えたのは、日本の文化のこと。「魚が獲れる海に大っぴらに遺灰を撒いてしまうと、嫌な思いをする人もいるはず」

実際には魚は、広い海の中のいろんなものを「食べている」ので、遺灰が混ざったところでさほど影響はありません。しかし人の気持ちを考えると、「遺灰を撒いた海で獲れた魚は食べたくない」と考える人が出てきてもおかしくありません。

そこでユリアさんと家族のごく少人数で「ひっそり」漁船に乗り沖合に出て遺灰を撒き、親戚や父親の友達はそのあいだ海岸で待っていました。

「お墓」を希望しなかった父親の意思を尊重し、お墓はたてずに遺灰の一部を、父親の母（ユリアさんの祖母）のお墓に入れました。

ドイツのお葬式事情

カテゴリ	カトリック	プロテスタント
全体の特徴	南部と西部で強い影響をもつ。バイエルン州が中心地域	北部と東部で影響力が強く、シンプルな教会が多い
儀式の形式	伝統的で長い歴史に基づく典礼を重視	シンプルで自由、伝統よりも個人の意思を優先。無宗教者や性的マイノリティも受け入れる
葬儀	ミサや祈禱を伴い、死後の魂の救済を祈る厳粛な儀式	故人の人生を称え、家族や友人が集う温かい雰囲気
傾向	教会の権威を重視。教えに従う姿勢が強い	聖書を直接読むことを重視。個人の信仰を尊重

黒ければTシャツでもいい!
無宗教の人や移民に限らず
個性的かつカジュアルになってきた

日本のマナーのほうが厳しい?
真珠のネックレス、華美なネイル禁止、
黒ストッキング、布のバッグetc.

参考：https://www.finanztip.de/autor/dr-britta-beate-schoen/
https://www.erbrecht-ratgeber.de/erbrecht/erbschaft/

28 ドイツ人は「夢見るような死」を夢見る

緩和ケア病棟と安楽死

第1章で紹介したレギーナさんの母親は、亡くなるまでの最後の2週間を地元フライジングの病院の緩和ケア病棟（Palliativstation）で過ごしました。

レギーナさんは自分の手で母を介護したいと願っていましたが、日本人と結婚し、日本に住んでいる以上、難しいことでした。インタビューで「孤独死についてどう思うか」と質問したところ、即答で「孤独死はトラジェディー（悲劇）だと思う」と返してきたレギーナさん。家を訪れる職人さんたちとの楽しい交流や、友達に囲まれ、近所の人とも親しんで生きた母親を見てきたから、そんな答えになったのかもしれません。

「車椅子だし、癌も酷くなっていくし、やむを得ず緩和ケア施設を探すことにしたの。それほど都会でもないのに、いいところが見つかって、本当にラッキーだった」

レギーナさんは語ります。いよいよ別れが近づいていることは辛かったものの、いま思い出しても居心地のよい場所だったそうです。

「母親の病室は赤系（Warme Farben）〔註：暖色系の色、赤の勝った色〕でまとめられていて、良い意味で『病院らしさ』が感じられなかった。絵画が飾られ、来客用のソファは真っ赤で、落ち込んでいる家族や関係者が少しでも明るい気持ちになるように、考え抜かれた色使いに思えたわ。私は日本から連れてきた娘と、そのソファで千羽鶴を折ったの。背の高いギュンターさんがお見舞いに来てくれた時、部屋の高いところに飾ってくれてね」

ギュンターさんとは、第1章で書いたように、一人暮らしになった母親の家で、15年間毎朝コーヒーを飲んでいたお隣さんです。

死に直面した患者への配慮はインテリアだけではありません。病室でマッサージを受けたり、アロマセラピーを楽しんだりできました。自分の好みのヒーリングミュージックをかけることはもちろん、不定期ではありますが、ミュージシャンが部屋を訪れてハープなどを生演奏してくれることもあったそうです。

「音楽も雰囲気も、まるで天国みたいだったのよ」

レギーナさんが熱を込めてこう語るのは、父親が同じ病院のＩＣＵで亡くなったことも影響しているようです。しかたがないと頭では理解しつつも、いかにも病院という感じの殺風景さが悲しかったといいます。

「同じ病院でも、病棟によってこんなにも違うんだって、ほのぼのとした雰囲気の緩和ケア病棟と殺風景なＩＣＵとの雰囲気の差を実感したの」

これを書いてしまうと身も蓋もない気もしますが、親を居心地のよい緩和ケア病棟に入れて、海外在住の娘が最後の日々に寄り添うには、金銭的な負担が大きいのは言うまでもありません。経済的に余裕があるレギーナさんは、恵まれていると言えるでしょう。

緩和ケア病棟のある病院は15％

ドイツの場合、主に対症療法を行う緩和ケア病棟では、理学療法士、精神科医によるケアが充実しており、本人の気力や体調次第で、芸術療法（アート・セラピー）、音楽療法（ミュージック・セラピー）等を受けることができます。信心深い人は定期的に牧師さんや神父さんと話すこともできます。ドイツの緩和ケア病棟では「個人のリズム」を大事にしており、起床時間、就寝時間、食事の時間もある程度、希望に合わせてくれることが多いようです。なるべく居心地よく過ごしてもらうために部屋にスピーカーが備え付けられていたり、自分が住んでいた家から絵画を持ち込んで飾ることもできます。患者同士が集まる共同のリビングがあることが多く、カフェが併設されていることも。また基本的には家族が部屋に泊まることも許可しています。もちろん定期的に医師に診てもらいますが、「最後の時間」に患者が副作用で苦しむことを避けるために、過剰な投薬には慎重であることが少なくありません。

ただし、緩和ケア病棟はドイツの病院の15％にしかないのが現状です。２０２４年、ドイツ全土で３３０しかありませんでした。

ホスピスケアをしてくれる高齢者向け住宅に入居する人もいますが、こちらもドイツ全土で２７０程度しかなく、まだまだ足りません。

そのほかの選択肢としてＳＡＰＶ（Spezialisierte ambulante Palliativversorgung）チームと呼ばれるものもあり、これは「何かあったら24時間連絡がつく」というシステム。症状によっては「今まで住んでいた自宅で最後まで過ごして、何かあったらＳＡＰＶチームに電話する」という方法があります。

子どもにも「死」を教える

「私は日本に住んでいるでしょう。最後の日々は母とできるだけ一緒に過ごしたいから、中学生の娘もつれてドイツに数ヵ月滞在していたの。夫は理解してくれたけれど、日本の教育システムはあまり配慮してくれなかった。『推薦のための出席日数が足りなくなる』とか、きっかり数字や日数しか見ないのよ。机に向かって勉強することも大事だけれど、家族の死を間近で体験して、『生』や『死』について学ぶことも娘の人生にとって大事ではないかしら。そこは日本の学校も、改善の余地があると思うのよね」

確かに、日常生活で死に触れる機会はそう多くありません。レギーナさんのように「死」というものを子どもから遠ざけず、むしろ身近に感じてもらえるように工夫する姿勢に、私はうなずくばかりでした。

こうしてレギーナさんの母親は、家族だけでなく、これまでの人生で交流してきた人たちとも「良いお別れ」ができました。親戚や友人、ギュンターさんや地元の人たち、付き合いがあった職人さんなど、様々な人が病室の赤いソファに座ったそうです。

「母は初めての子ども（レギーナさんの兄）を産んだ時、同室だった女性と友達になって、長年仲良くしていたの。でも、その人も高齢で、お見舞いには来られなかったのよ。それでも母が亡くなったあと、代理の人が、その友達が自分の庭で摘んだというスノー・ドロップ(Schneeglöckchen)を届けてくれた。亡くなった母の手に花束を持たせてあげたわ。病院のはからいで、床にもベッドにも薔薇の花びらが敷き詰められていて……。あの最期を見て、ああよかったなあって」

声を詰まらせながら語るレギーナさんの話を聞いていると、時間をかけてゆっくりとお別れができた「幸せ」が、私にも伝わってきました。

愛する人たちと薔薇の花びらに囲まれ、スノー・ドロップの花束を手に旅立った母親の追悼は、緩和ケア病棟に設けられた小さなチャペルで「礼拝式」という形で行われました。その月に病院で亡くなった人の礼拝式がまとめて行われるシステムだそうです。亡くなった人の名前と亡くなった日付が石に印字され、家族や関係者はその石を持ち帰ることができます。

安楽死の「今」と「これから」は？

安らかな死を迎えるにあたって、緩和ケア病棟の他に「安楽死」を考える人も出てきました。今のドイツの法律では日本でいう安楽死、「慈悲殺」（Aktive Sterbehilfe）は禁止されています。つまり本人が望んでいるからといって医療関係者などの第三者が意図的に人を殺してはならないということです。たとえ病気である当事者が望んでいたとしても、医師または第三者が死に至る注射をした場合は人殺しと同じ扱いになります。

でも「パッシブな（受け身の）安死術」（Passive Sterbehilfe）は、本人がそれを望んでいる場合、そしてリビング・ウイルにそのことが明記されている場合、許されています。たとえば人工呼吸器や人工栄養を止めることは許されています。

「間接的な安死術」（Indirekte Sterbehilfe）は、日本と同じく許されています。つまり、痛みを和らげるためにモルヒネや鎮痛剤を与えた結果、死期が早まったとしても、それは犯罪ではありません。ただ使用の第一の目的が「痛みの緩和」である必要があります。つまり「死期を早める目的」でモルヒネや鎮痛剤を与えてはいけないということです。

「自殺幇助《ほうじょ》」（Assistierter Suizid）については、ドイツでは意見が分かれ、激しい議論が交わされています。2015年に自殺幇助を罰する刑法217条ができ、安楽死にかかわっている団体や医師が対象となりました。しかし2020年にドイツの連邦憲法裁判所は「個人が自殺を決めることも個人の権利であり自由」だという判断をしました。

現段階では自殺幇助を可とする法律はまだできておらず、ドイツ議会が議論している最中です。そして必ず盛り込むべきだとされているのが「医師と精神科による事前の面談の義務」「決断から実行まで一定の期間を設けること」です。これは突発的な判断を防ぐためです。

もちろんこれに反対しているドイツ人もいます。このような法律ができれば、高齢者や障害者などが周囲からのプレッシャーを感じ、「自分は役に立たない」「自分は周りにとって金銭的な負担だ」と感じ「死を選択するのではないか」と懸念されているのです。

日本と同様にドイツでも安楽死は多くの人が感情的になるテーマです。ドイツに関しては、新しい法律ができるまで「自殺幇助」は法律的に「グレーゾーン」のままです。

29 ドイツ人は「エコなお墓」を考える

お墓は罪悪感のもとになる？

少子化と都市化が進む日本では、「誰がお墓を受け継ぐか？」が問題になっています。

地方出身者が都会に出て家庭をもつと、「そんなに頻繁に帰省はできないし、地元にあるお墓の手入れをするのは難しい」という話もよく聞きます。

「お墓をどうする問題」は、もちろんドイツにもあります。

「知り合いの高齢者が、『自分が死んだら墓は作らずに遺灰を海に撒いてほしい』と言っていたの。話を聞いて『ロマンチックだな』と思ったけど、本当の理由は、お墓を作っても息子がお参りに来ないことがわかっていたからなのよ。自分が今いる施設にも会いに来ないんだからお墓に来るわけがないってね」

こう語るのは、40代のドイツ人女性です。

飛行機事故で父を亡くしたユリアさんも、「普通のお墓」には否定的です。「母方の家族のお墓はベルリンにあるの。私が小さかった頃、母はお墓参りに行くたびに自分を責めていた。雑草だらけで手入れもされていない、申し訳ないって。だけど、仕事があって小さい子どもが3人もいたら、しょっちゅうお墓参りできないのは仕方ないよね？　だから私はお墓はいらない。残された人が罪悪感をもって、そのうち負担になるのは避けたいもの。父の遺灰は海に撒いたけど、私は自宅近くの山に遺灰を撒いてもらいたいな」

こうした話を聞くと「海への散骨」というのは、なかなか合理的というか現実的かもしれません。

「悲しむ権利がある者」でお墓の相談

ミュンヘン在住の60代のドイツ人女性は、父親を亡くした時に母親の介護の最中で、お墓についてゆっくりと考える時間がありませんでした。

ドイツの法律では、骨壺や遺骨を自宅に保管することが禁じられています。お隣のスイスでは日本と同じように、「遺骨をしばらく家のリビングに置いて故人を偲ぶ」ことは可能ですが、ドイツだと違法になってしまうのです。

そこで彼女は「とりあえずあいていた墓地」に父親を埋葬しましたが、数年経ってから、もっといい場所へと、「お墓の引っ越し」(Urnenumbettung)をしました。お墓に関しては、配偶者や子どもなど、故人の家族(Trauerberechtigte)全員の同意を得なければなりません。"Trauerberechtigte"を直訳すると「悲しむ権利がある者」というのが面白いところです。

ドイツのお墓に関しては「土葬ならでは」のエピソードもあります。女性は、母親が亡くなった3年後にお兄さんを亡くしています。二人とも土葬で同じお墓に入りました。

現実的な話をすると、基本的には「前の人を埋葬してから5~6年ほど間があいていれば」、そして「故人が特に大柄でなければ」、土葬でも一つのお墓に、問題なく3人ぐらい入れます。

ところが、女性の母親も兄も、かなりの大柄だったのです。

葬儀の日、みんなで兄の死を悼んでいると、高齢のいとこが女性に対して大声で言い放ちました。

「もし、そんなに時間が経たずにあなたが死んだら、もう場所がないから、あなたのことは焼く(verbrennen)しかないわね!」

ちなみにドイツでは、誰と・どこの・どのようなお墓に入るかは生前の「本人の意思」によるところが大きいようです。日本のような「家制度と結びついた考え方」はないため、妻が夫の家の墓に入るという慣習はありません。ですが、夫婦であれば同じお墓に入ることが多いのです。

夫婦のどちらかの親族の墓地に、夫婦のお墓を立てることもよくあります。つまり、「嫁に行った娘」が自分の両親の墓の隣に「夫婦墓」を立ててもいいし、自分の両親の墓に入ってもかまいません。

したがって、**お墓は「核家族だけでもオッケー」「先祖代々でもオッケー」「おひとり様でもオッケー」**です。とはいえ、よほどのこだわりがなければ、家族のお墓のある墓地で眠るのが一般的です。

ここで特筆すべきは、昔ながらのドイツ人の感覚だと「焼く」ということに「ギョッとするような感覚」が伴うことです。

「いとこの言うこともわからないではないの。兄は過食気味で体重が150キロもある、ものすごい巨体だったから、兄が亡くなった数年後に私が亡くなってしまうと、土葬で同じお墓に入るのは、確かに難しいかもしれない。でも、兄のお葬式のその場で、『もしあなたが死んだら焼くしかないわね！』と大声で言うこと自体が、非常識よね」

ドイツはキリスト教徒が多く住んでいる国です。バイエルン州など南部はカトリック教徒の割合が多く、北部ではプロテスタントが多くなります。いずれにせよキリスト教では、火葬は長らく「よろしくないもの」とされてきました。なぜなら「人間は土から来て土に還る」という概念があり、イエスも土葬されたと考えられているためです。日本で当たり前のこととして行われる、火葬場での「遺骨拾い」がショックだったという声は、日本にいる欧米人からよく聞きます。

ただし聖書には、「埋葬はこうしなければいけない」と明確に書かれてはいません。特に様々な改革を行うプロテスタント教会は、1920年代には火葬を認めています。現在は、カトリックでもよほど厳格な教徒でない限り、火葬も珍しくありません。

葬儀の相談を請け負うノヴェンバー（Everlife社）によると、2023年現在、ドイツで火葬を希望する人は約60%、土葬を希望する人は30〜40%。北海やバルト海への「海葬」は5〜10%、そして森林葬の希望が14%だといいます。

ドイツは北のほうに少し海があるだけの国です。だからこそ海に憧れがあり、休暇のたびに多くの人が「海とビーチのある南の島に遠出する」のもそのためでしょう。「海葬」を希望する人が1割ほどいるというのはなかなか興味深い話だと思います。

ドイツで近年話題の「堆肥葬」

最近のドイツでは、「堆肥葬」が「最も自然な新しい形の埋葬」として話題になっています。いわゆる土葬ですが、遺体はバイオ・フィルムによって40日かけて堆肥化、つまり完全に土にします。

ドイツ語で葬式や埋葬はベエルディグング（Beerdigung）といい、この言葉にはドイツ語で「土」を意味するErdeが入っています。「堆肥葬」はレエルディグング（Reerdigung）という新語ですが、単語にReがつくことで、まさに「Erde（土）に還る」ということがわかる言葉なのです。

堆肥葬専門の葬儀会社「マイネ・エルデ」によれば、堆肥葬の費用は2100ユーロ。葬儀の平均費用の1万3000ユーロに比べ格安です。しかし、注目の理由は価格だけではありません。

注目の理由その1は、「人間が土に還る」こと。

自分が土（自然）に還り、草木などの新しい生命に生まれ変わる……。これが死は決して「終わり」ではなく「始まり」である、という考えにつながり、多くの人の共感を呼んでいます。きっとドイツ人の宗教観の影響もあるのでしょう。

注目の理由その2は、「環境に優しい」という点です。

ドイツでは、地球や環境を守ることをライフワークにしている人が大勢います。彼らにとって「環境に優しい葬儀」というのは、まさに理想なのです。

堆肥葬にしたうえで十字架や墓標を希望する人もいますが、「木だけ」「草莽《そうもう》だけ」を希望する人も多くなりました。私が取材した中にも、「樹木葬がいいな」「石でなく土に還る木製の自然な十字架を」「陶器ではなく段ボールの骨壺でいい」という意見の人がいました。

理想的に見える堆肥葬ですが、現実にはまだ問題があるようです。たとえば「金歯」の問題。金歯や人工関節、ペースメーカーといった金属は土に還ることはなく、かといって埋葬前に取り出すというのも非現実的です。ドイツの新聞ハンブルガー・アーベントブラット(Hamburger Abendblatt)は、「遺体が堆肥となった際、本当に病原体が残っていないのか疑わしい」と報じています。始まったばかりでまだまだ「詰めが甘い」部分があるため、堆肥葬については多くの人が「興味」をもっているものの、まだそれを「選択」していない状況です。しかし、衛生面など様々なことがクリアされれば、環境保護を重視する現代のドイツ人の思想に合う埋葬法だと私は思います。

ドイツのお墓は「持ち家」ではなく「賃貸」？

お墓には「スペースが必要」という問題もあります。

難民や移民が多いドイツにはトルコ系住民が約300万人おり、その多くがイスラム教徒です。他にもシリア人やアフガニスタン人など「ドイツで暮らすイスラム教徒が多い」ため、自然な流れでイスラム教徒用の墓地が作られています。日本でも今後、インドネシアなどイスラム教の国から労働者が多く来ると予想されていますが、彼らが「日本に住む」だけでなく「日本で死ぬ」時のことも考えなければいけません。日本でもイスラム教徒用の墓地の新設について真剣に考える時が来るのではないかと、私は考えています。

第2章でも紹介した私の友人、タニアさんの父方の祖母エーデルガルト・カウフ（Edelgard Kauf）さんは、ベルリンの壁の崩壊後、1990年から94年までビッターフェルト（Bitterfeld）の市長をしていました。96年に52歳の若さで亡くなり、当時9歳だったタニアさんもお葬式に参列しています。

ドイツのお墓は一部「賃貸」形式です。つまりお墓を「何年から何年まで借りる」という契約（Ruhefrist）の形を取っており、多くは「20年契約」です。祖母の契約が切れそうになった時、墓の管理者から、「契約を延長するか」について、連絡があったそうです。家族は迷いましたが、祖母は公人でした。「旧東ドイツだったベルリンにおいて、初めての自由投票で誕生した市長」であること、「壁が崩後した後の市政をまとめた功績」によって、市がお墓を残すことになりました。

祖父は祖母の死の2年後に再婚し、相手の女性と共に入るお墓を別に買っています。つまり、もし、タニアさんの祖母が公人でなかった場合、契約を延長せずに「おしまい」にする可能性もあったわけです。

「お墓は亡くなった人が永遠に眠る場所」という感覚が強い人にとって、「賃貸契約を延長する・しない」のシステムは「ドライ」に感じられるかもしれません。でも私は「20年」という期間は現実的だと思いました。

お墓といえども、故人のことを知っている人、故人のことを定期的に思い出す人がこの世にいなければ、形が残っても忘れられてしまいます。なぜならお墓は「残された人たち」が故人を偲ぶ場所でもあるからです。

賃貸制のお墓の場合、亡くなった20年後に契約を延長しないと決めても、全部がなくなってしまうわけではありません。現実的なことを書くと、確かにかつてお墓があった場所には「ほかの人が入る」ことになりますが、故人の氏名と生年月日、その人へのメッセージを書いたものを、他の家族や親戚の墓石があるところに残すことができます。

まだ30代のタニアさんは、自分のお墓について深く考えておらず、こう語ります。

「私がもしも若くして旅立った場合、自分の死後、配偶者にどんな出会いがあるかわからないでしょう？　かなり歳を取って亡くなったとしても、その時子どもがどうなっているかは、もっとわからないと思う。だから、予め自分のお墓などについて『がんじがらめ』になって決めるのはあまり現実的なことではないのかもしれない」

こうして考えてみると、ドイツの「期間限定・賃貸の墓のシステム」も一つのヒントのような気がします。

「永遠」というものは、墓という形ではなくても、人の心の中にあれば良いと、私は感じました。

30 ドイツ人も日本人もエリトリア人も「お別れ」の時は避けられない

友達とお別れした私の場合

これはドイツとも日本とも関係のない、私が個人的に忘れられない友達との「お別れ」の話です。

ネジャット（Nejat）とは1990年代後半、日本のあるバラエティー番組で出会いました。2年以上にわたって、番組の収録のために月に2回は会い、みんなで食事をしたり、個人的にお出かけをすることもありました。

彼女は「エリトリア出身者」として出演していましたが、内戦のために難民としてオーストラリアに渡ったのは9歳の頃。以来、20代で日本に来るまでメルボルンに住んでいました。アラビア語も話せたけれど、文化的には「オーストラリア人」の部分が大きかったように思います。

そのうち番組は終わってしまいましたが、お互い長らく独身で、言葉を使う仕事をしているという共通点もあり、交流は続いていました。育った国も家族などのバックグラウンドも違うのに、とても話しやすかったのです。

ネジャットはアラビア語、英語と日本語ができることから、テレビのニュース番組を翻訳する仕事を多く受けていました。アラビア語圏の国で内戦やテロが起きるたびに依頼があり、「今から1時間以内に局に来て」と言われるなど、常に忙しくしていました。


社交的で明るいのに、どこか寂しげな雰囲気のある人でした。10人もきょうだいのいる大家族で育ったことを知っていたので、私は通勤途中に彼女が一人暮らしをしているマンションの前を通るたびに「元気にしているかな？　一人暮らしで寂しくないかな？」と気にかけていました。

そういう私も一人暮らしでしたが、7歳で弟が生まれるまで一人っ子でしたし、母と二人でいることが多かったので大家族とは言えません。さらに「基本的に一人が好き」で、一人で過ごすことに慣れていました。だからこそ、勝手な思い込みかもしれませんが「大家族で育ったネジャットは一人暮らしで寂しくないかな？」と心配だったのです。

突然の「思いがけない知らせ」

お互いに忙しく暮らしていて、久しぶりに会った時、ネジャットは酷く疲れていました。「シリアの内戦の映像の翻訳をするのが精神的にきつい」という話を聞いて、胸騒ぎがしました。別の人から「翻訳者が目にするのは撮影されたままの映像なので、『カットされていない残酷な場面』が映っている」と聞いていたからです。心配でしたが「いつでも連絡してね」と言いその日は別れました。

その後しばらくして仕事場でバッタリ会った時、彼女は足を少し引きずっていました。「歩いていたところを自転車に突っ込まれたの。病院に行って痛み止めを出してもらったけれど、あまり効き目がなくて辛い」

その話を聞いて、「少し前からお酒の量も増えていたようだし、大丈夫かな……」とまた胸騒ぎがしました。

共通の友達から「ネジャットがマンションで孤独死した」と連絡があったのはそれからしばらく経ってからでした。家賃を滞納し、携帯も連絡がつかず、更に仕事先にも現れなかったことから、大家さんが部屋に入ると亡くなっていたとのこと。鎮痛剤などと一緒にお酒を大量に飲んだことが原因らしい、という話でした。

よりによって、大家族で育った彼女が日本という異国のマンションで一人で死ぬなんて……と大泣きをしてしまいました。

思い返してみると、ネジャットはボランティア活動をきっかけに精神のバランスを崩したような気もします。ボランティア精神にあふれる彼女は、東日本大震災の直後に東北入りし、避難生活をしている子どもたちと絵を描いたり、歌ったり、ダンスをしたりしていました。「東北で体育館に集まる子どもたち」を見た時、「母国エリトリアの内戦から逃れ、家族とともに2週間かけてスーダンの難民キャンプまで歩いた記憶」がフラッシュバックし、精神的な不調が続いていたのではないか、そんなふうにも感じられたのです。

国籍や宗教を超えた、彼女らしい「お別れ会」

親族はオーストラリアや香港在住だったため、家族によるお葬式やお別れ会が日本で開かれることはありませんでした。でも、80年代の後半に来日し、社交的だった彼女には、仕事関係者も含めて日本に多くの友達がいました。そこで「みんなでネジャットのお別れ会をやらない？」という話になったのです。

場所は代々木公園。11月の寒いけれど爽やかな秋晴れの日、ネジャットの友達数十人が代々木公園に集まりました。

誰かがネジャットの顔が中央にプリントされた大きな布を用意していて、みんなでそのまわりにお別れのメッセージを書き込みます。みんなで輪になって、それぞれ「ネジャットとはどういうつながりだったのか」「ネジャットとの思い出」を話していきます。そして輪の隣の人と手をつないで黙禱しました。

最後はマジックペンで大きく「ネジャット」と書かれた風船を放ち、風船が見えなくなるまで空を見上げました。ああ、今までいつでも会えると思っていたけど、ネジャットはお空へ還ってしまったんだ……彼女らしい晴れた空を見ながら、そう感じたことを覚えています。

私にとってこの「お別れ会」は忘れられない思い出となりました。お葬式という場で別れを告げられなくても、彼女が生前仲良くしていたみんなと公園に集まって、風船を放ってお別れする……そんな別れの会でもいいんだ、と「目から鱗」だったのです。

ネジャット自身はイスラム教でしたが、集まった友達は国籍も宗教も様々。

「代々木公園でのお別れ会」は宗教や伝統を超える彼女にピッタリの「明るく自由な会」だっ

たと思います。

今でも私は、かつてネジャットの住んでいたマンションの前を通ることがあります。そのたびに「何かできることはなかったのか……」と胸がちくりと痛みます。でもそれと同時に彼女の笑顔も浮かんできます。

彼女の魂がどこに行ったのかはわかりません。9歳まで過ごして幸せだったという生まれ故郷のエリトリアの生まれ育った家なのか？　10代を過ごし、家族が今も住んでいるオーストラリアのメルボルンなのか？　それとも……？

どこに行ったのかはわからないけれど、あの日、代々木公園でネジャットとお別れをした人たちの胸のなかに彼女は今もいます。

人が亡くなった時、「お葬式」という形式でなくても、仲の良かったみんなと一緒に「お別れ」はできる。そんな思いを強くしました。ふとした時に故人のことを思い出すこと、それが残された人の癒しになると感じています。

構えず旅立つヒント

- ✦どこでどう死ぬかは誰にもわからない
- ✦結婚していても子どもがいても一人の老後はやってくる
- ✦「孤独死＝こわいもの」と決めつけない
- ✦完璧な「死に支度」は不可能
- ✦お墓や仏壇だけでなく、暮らしの中で故人を悼む

エピローグ——母の老後、私の老後

『ドイツ人は飾らず・悩まず・さらりと老いる』を最後までお読みいただきありがとうございました。

企画がスタートした時「このシビアなテーマで、個人的なことを話してくれるドイツ人が果たして見つかるのかどうか……?」と心配していました。でも実際には「老いる」というテーマに興味をもってくれる人も多く、知人が知り合いを紹介してくれたり、その知り合いがまた別の人を紹介してくれたりと、多くの人が快く協力してくれました。

取材を受けてくれるドイツ人を探そうと、東京にあるドイツ大使館の立食パーティーでたまたま隣に居合わせた人に「今度インタビューしてもいいですか?」といわば突然「ナンパ」をしたこともありました。

不安だらけでスタートしたものの、いざインタビューが始まると、驚くほどオープンに、ご自身やご家族の「あんなことやこんなこと」について話してもらうことができました。嬉しかったのは、本文に登場するある女性がインタビューの後にこう言ってくれたことです。「あなたと話していて、心のリハビリをしているみたいでとても楽になったわ。またプライベートでもお会いしてお話ししましょう」――家族仲や介護といったテーマについて、普段の生活の中ではなかなか話す機会がなかったようです。執筆のためのインタビューに、こんな思わぬ効果もあったなんて……と驚くとともに、嬉しく感じました。

かく言う私も本を書いていくなかで、「自分の家族の今」について少しは客観的に見られるようになった気がします。**人間は考えるばかりではなく、やはり言葉を口にしたり、文章にしたりすることで、自分の中の気持ちが整理されていく**のかもしれません。

私は日本で老いていく

さて私自身の老後について「このように備えています！　バッチリです！」と言いたいところですが……実際にはようやく自分の老後を「考え始めた」といったところです。現在「週末は郊外の平屋の一軒家で山籠もり」「平日は都心のマンション」という2拠点生活を送っています。そんななかで「週末に都心から離れた場所で自然に囲まれて過ごすのは気持ちいいけれど、ずっと都心から離れるのは心理的にシンドい」ということに気づきました。だから老後においても、必ず都心にも拠点をもちたいと考えています。今住んでいる都心のマンションは賃貸なので、年金生活に入る前に中古の小さいマンションを都心に買わなくては……など漠然とですが考え始めてはいるのです。

私はドイツで育っていますが、「老後はドイツに戻る」とは考えていません。もちろん体力と気力（あとは財力ですね……）があれば「ドイツと日本を行ったり来たりしたい」という希望はあります。でも「ドイツの高齢者向け施設に入りたい」とか「ドイツに引っ越しをしたい」とは思いません。それと言うのも母を見ていて、**「長年にわたり慣れ親しんできた国を『歳を取ったから』という理由で離れることは現実的ではない」**と思ったからです。

これからもドイツで一人暮らしを続ける母

プロローグでも触れましたが、日本に住んでいる弟と私は「ドイツで一人で歳を取っていく母」のことが心配でなりませんでした。だから「母に日本に引っ越してきてもらおう」と考えていました。

母は日本人ですが、大学を卒業後に自分の意思でドイツに渡り、1970年から半世紀以上もミュンヘンに住み、現地になじんでいます。平均的な団塊世代の日本人としては、変わっている部類に入るでしょう。

母は昔から「人に合わせる」ことが好きではありません。たとえば常に素顔で、今まで化粧をしたのは、自分の成人式と私の結婚式に参列した時だけです。後者に関しては、私が母のために美容室を予約してようやく、です。結婚式の翌日、母方の親族で食事会をしたのですが、中華料理店の円卓で叔母（母の妹）が言いました。

「あら、お姉ちゃん、目の周りが真っ黒よ？」

前日のアイメイクがにじんでくずれて、目の周りに黒く広がっていたのです。叔母が「お化粧を落とさなかったの？」と聞くと、母は「え？　化粧って落とさなければいけないの？」とポカンとしているのです。私は大爆笑、叔母は「嫌だー、お姉ちゃんったら」と呆れていました。冠婚葬祭のマナーに厳しい日本人としてはあり得ない、というより「話にならないタイプ」でしょう。それは母自身もわかっているようです。

「日本を半世紀以上離れていると、今さら日本流の会話のしかたを覚えるのは難しいわ。ドイツ人がいいのは、やっぱり本音で話せることよ。初対面の人も近所の人も知り合いもみんな本音で話すから気持ちいいし、こちらも『あれ、これは言っちゃいけないかしら？』と気を遣わずに済む。日本に帰ったらそうはいかないでしょう。私は77歳だけれど、日本の77歳は『77歳なりのコミュニケーション』がある。いきなり知らない人と本音で話すわけにはいかないわよ」

確かに年齢に関係なく、ドイツは「本音の文化」です。日本ではプライベートに踏み込むのは避けるべきだと考えられているフシがありますが、ドイツ人はどの世代も基本的にみんな身の上話が大好きで、歳を取ればなおさらです。だから自分の家族の「心配なこと」「悪いこと」も全部話すし、相手だってそうです。

年齢から自由になれない日本

「それにドイツは、『距離感』がちょうどいいのよね。たとえば近所のシュミット（Schmidt）さんと私はお互いに一人暮らしなので『お互いの郵便受けに新聞がたまっていないか』を確認することになっているの。おかしいと感じたら、ベルを鳴らすし、お互いの家の鍵も預けているの。でも必要以上に踏み込んでこないし、気持ちのいい関係なのよ」

つまり母いわく、**ドイツ人は本音で話すけれど、必要以上に相手に踏み込まない**とのこと。なかなかバランスが難しそうですが、母はドイツに住んでいると、それができているから気持ちいいのだと言います。「それに！」と母は語気を強めます。「ドイツではおばあさんも平気でビキニを着るでしょ。オペラに行く時は幾つになってもデコルテを出す。どーんと胸の谷間が見えるドレスを、メルケル元首相も着ていたみたいにね。でも『おばあさんなのに……』という感覚の人が多い日本では難しいわよね。

何歳になっても何を着てもいいし、何をしてもいいのがドイツで、それがすごく楽。日本は年齢にこだわるから、その年齢らしい髪型、年齢に合うファッション、年齢なりの立ち居振る舞いと、すべてが『年齢にふさわしいかどうか』が大事。『歳を取ってるから派手なファッションはダメ』『年齢にふさわしく小綺麗に』とか制約が多い。でもドイツではそんなのはどうでもいいのよ」

子どもの心配は、本当に親のため？

すでにおわかりだと思いますが、母は「究極の出羽守《でわのかみ》」です。娘の私以上に**「ドイツでは、ドイツでは……」**という話を好み、しかもドイツをほめた後は必ず日本の悪い部分を挙げるため、日本で暮らしたら周りの人の顰蹙《ひんしゅく》を買いそうで、それを本人も自覚しています。

「日本に引っ越して、近い年齢の人と知り合っても、上手く会話ができるかしら……？　だって、私は過去50年間以上ドイツの新聞しか読んでいないし、ドイツのニュースしか知らないのよ。日本で起きたことや流行ったものの知識はないし、共通の話題がないわ」

確かに会話というものは「相手の人と同じ情報を共有していること」で盛り上がることが多く、日本にずっと住んできた高齢者なら「過去の何十年、日本はどうだったか」というのは体感で何となくわかります。

元から風変わりな性格のうえに、共通の体験もない……。いくら「母国」であっても、年齢を重ねてから地球の反対側に引っ越すのは母にとっては「無茶」なのでしょう。

自らの選択でドイツに渡り、半世紀以上もドイツで暮らした高齢の母を「子どもが日本にいるから」という理由で日本に呼びたいというのは、子どものエゴでしかないのかもしれません。そうは言っても「いざ、その時」が来たら、後悔しないとは言い切れませんが。

また、たとえ同じ国であっても「引っ越しをして環境が変わること」で認知症を発症しやすくなったり、認知症が悪化したりすることもあると言います。そこまでいかなくても、高齢になってからの「環境の変化」は思った以上に大変なようです。

「地方に住む親を自宅近くに呼んだほうがいいのか？」という問題は、日本国内でもありまず。しかし、「歳を取ったから」という理由で移動させようというのは、そもそもあまり現実的ではないのかもしれません。

「お母さんがこのままドイツに残ると、万一の時、私たちはお母さんの死に目に会えないかもしれないよ……？　孤独死のこともあるし、そういうことは考えてる？」

2年前、弟と私が問いを投げかけたところ、母はこう言いました。

「ドイツで死ぬことも、孤独死も気にならない。だって死ぬ時は、たとえ周りに人がいたとしても結局は一人なのよ。それに私はとても良い人生だったと思うの。今までが幸せだったから、孤独死しても平気」

できることをできる範囲でやる

弟も私も母の意思を尊重することにしたものの、「高齢の母が地球の反対側で一人暮らしをしている」事実は変わらず、心配であることにも変わりはありません。今は「母のこれから」のために「日本からでもできることは今していこう」という考えに切り替えました。

お墓をどうしたいのか、大事な書類がどこにあるのかなどを話していますが、ありがたいことに母が一番積極的です。弟と私が日本からミュンヘンの母の家に行くたび、到着した次の日には「大事なことだからね……」と前置きをしたうえで、家のいろいろな設備について、銀行や保険関連の書類の保管場所について詳細に説明をしてくれます。それがここ数年のルーティーンとなっています。

母から見ると「娘と息子が日本にいる」のは「想定外」のことです。母は大学を卒業後にドイツに渡り、父と結婚をしてからずっとミュンヘンに住んでおり、私たちもそこで育ちました。母としては当然「子どももずっとドイツに住むはず」と思っていたわけです。ところが、先に夫が亡くなり、二人の子どもは日本に拠点を移しました。

しかし昔から「子どもたちは自分の好きなことをするのが一番」と考えていた母は、私たちの決断を尊重してくれました。それなら、私たち子どもも母の決断を尊重し、できることをできる範囲でやるのが現実的な選択なのでしょう。

「こうあるべき」は捨ててしまおう!

最近、私の救いとなっているのは、40代、50代の友達の多くも「親の老い支度」に直面していて似た悩みを抱えているため、情報交換をしたり、互いの状況について話したりできることです。実感させられるのは、どの年代でも「家族の形はそれぞれ」ということ。

一番大事なのは当事者の意思で、それ以外の「こうあるべき」は、ないのだと思います。また、身内が亡くなった場合の「悲しみ方」についても、人それぞれ。「身内が死んだら、こういうことをしてはいけない」というような昔ながらの慣習も「他人に押し付けてはならない」と強く思います。だから、たとえば人が亡くなってからすぐにＳＮＳを更新している人がいても、不謹慎ではないと思います。

「どのようにしたら今の状況を乗り越えられるのか」というのは人によって違うのですから、本人がやりたいようにするのが一番です。ドイツ人の飾らないさらりとした老い方が、そのヒントになればと思います。


自分がまだまだ若いと思っていた私は、「老い」というものに真剣に向き合っておらず、「老いる」とは、私にとって全く知らない新たなテーマでした。そんな私に執筆の機会をくださった講談社のみなさんに深く感謝いたします。また、担当編集者の青木由美子さんは、原稿に常に細やかなアドバイスをくださり、それが書いていくうえでの大きな励みとなりました。

子ども時代から今にいたるまで、私を深い愛情で支えてくれた母に、「ありがとう」と伝えたいと思います。

そしてインタビューに協力してくださったドイツ人のみなさん、本当にどうもありがとうございました。なお、プライバシー尊重のために、一部を除いて氏名を変更しています。

この本を読んでくださったみなさんのこれからの人生、そしてご家族の人生が、幸せに満ちたものでありますように。

2025年2月26日

サンドラ・ヘフェリン

著者プロフィール

サンドラ・ヘフェリン　Sandra Haefelin
エッセイスト。ドイツ・ミュンヘン出身。日本在住28年。日本語とドイツ語の両方が母国語。自身が日独ハーフであることから、「多文化共生」をテーマに執筆活動をしている。著書に『体育会系 日本を蝕む病』（光文社新書）、『なぜ外国人女性は前髪を作らないのか』（中央公論新社）、『ほんとうの多様性についての話をしよう』（旬報社）、『ドイツの女性はヒールを履かない』（自由国民社）などがある。

ドイツ人《じん》は飾《かざ》らず・悩《なや》まず・さらりと老《お》いる

2025年 3月25日　第1刷発行

著者……………………サンドラ・ヘフェリン

ブックデザイン………永井亜矢子（陽々舎）
イラストレーション…くぼ あやこ

KODANSHA

発行者…………………篠木和久
発行所…………………株式会社講談社
東京都文京区音羽2丁目12-21　郵便番号112-8001
電話 編集 03-5395-3522
販売 03-5395-5817
業務 03-5395-3615

印刷所…………………株式会社新藤慶昌堂
製本所…………………株式会社国宝社

ISBN978-4-06-539179-2